十万个为什么

好玩的科学

HAOWANDEKEXUE

《科普世界》编委会 编

内蒙古科学技术出版社

图书在版编目（CIP）数据

好玩的科学 /《科普世界》编委会编. —赤峰：
内蒙古科学技术出版社，2016.12（2022.1重印）

（十万个为什么）

ISBN 978-7-5380-2752-5

Ⅰ. ①好… Ⅱ. ①科… Ⅲ. ①科学知识—普及读物
Ⅳ. ① Z228

中国版本图书馆CIP数据核字（2016）第313127号

好玩的科学

作　　者：《科普世界》编委会
责任编辑：那　明　张继武
封面设计：法思特设计
出版发行：内蒙古科学技术出版社
地　　址：赤峰市红山区哈达街南一段4号
网　　址：www.nm-kj.cn
邮购电话：(0476)5888903
排版制作：北京膳书堂文化传播有限公司
印　　刷：三河市华东印刷有限公司
字　　数：140千
开　　本：700×1010　1/16
印　　张：10
版　　次：2016年12月第1版
印　　次：2022年1月第3次印刷
书　　号：ISBN 978-7-5380-2752-5
定　　价：38.80元

前言 *Preface*

科学是无处不在的，在日常生活中，只要我们稍稍留意就会发现许多有趣的科学现象。科学是人类社会发展与进步的阶梯，它把人类一个又一个征服自然的梦想变成了现实。

生活中处处有科学，它们有的是存在于植物、动物中的生物科学，有的是藏身于器物、天气中的物理科学，还有的是表现在人体中的人体科学。然而，就是这些星星点点、零零碎碎的科学揽尽万千秘趣，为我们解读了最全面的科学知识。放眼古今，人类的每一次跳跃，都离不开科学力量的推动，科学使人类生活变得更高效。

一切知识的源泉来源于生活。当生活折射出来的智慧激发出求知者的探究热情，那么求知者便会迸发出灵感。自然界和生活中的神奇现象太多了，所以每个热爱思考的人都可能是科学之路上的发现者、人类文明史上的领航人。

Part ❶
无处不在的物理知识

目录 Contents

Part 2
小生活中的大学问

Part 3
神奇的生命科学

Part ❹ 有趣的动植物世界

part 1

无处不在的物理知识

高尔夫球上的小坑体现了什么力学原理?

　　高尔夫球与其他球类的不同之处是其表面有许多麻坑,为什么高尔夫球被设计成这样呢? 其目的是让高尔夫球飞得更远。统计发现,一颗表面平滑的高尔夫球,经职业选手击出后,飞行距离大约只是表面有凹坑的高尔夫球的一半。这是为什么呢?

　　空气对于任何在其中运动的物体,都会施加作用力。空气动力学家把这个力分成两部分:升力及阻力。阻力的作用方向与运动方向相反,而升力的作用方向则朝上。

　　圆滑球体的空气界面层容易剥离,在球后方产生空气旋涡,使后方压力降低,球前方压力较大,所以压力差导致球速下降。而有凹坑的球,因界面层不易剥离,球后方压力下降不多,所受的阻力大约只有平滑圆球的一半。另外,小凹坑也会影响高尔夫球的升力,一个表面不平滑的回旋球,会像飞机机翼般偏折气流以产生升力,小凹坑给球体提供了最佳的升力,因此,不光滑的高尔夫球就会飞得很远。

◀ 小小的高尔夫球也是科学创造的体现

钢轨为什么要做成"工"字形？

　　火车载重量都相当大，为了可以经得起火车施加的重大压力，钢轨的顶面必须有一定的宽度及厚度来承受这些压力。为了提高钢轨的稳定性，钢轨的底面也必须有一定的宽度；并且为了适应带有轮缘的车轮，钢轨也要有相当的高度。"工"字形的钢轨刚好可以满足这三方面的要求。而且从材料力学的角度来看，这种形式的钢轨的强度既够大，也充分合理地利用了钢材，用较少的钢，承受较大的压力。底部较宽，有利于将压力分散到枕木上，减少对枕木的压强。顶部与车轮同宽，正好承受车轮的压强。中间比较细，能够将压力传导到下边，又不浪费更多的钢材。所以"工"字形断面，就被选定为最好的钢轨断面。

▼ 呈"工"字形的钢轨

为什么苹果熟后会掉落在地上？

　　长在树上的苹果，成熟后若不及时采摘就会掉落到地上。为什么苹果成熟后会落向地面而不是飞向空中呢？现在我们知道那是因为地球的引力使得苹果只能向下掉落。

　　牛顿是第一个正确解答这个问题的人。他认为物体之间有相互作用的引力，引力的大小和它们质量的乘积成正比，与它们距离的平方成反比。物体之间的相互作用力使得地球对苹果有一个向下的拉力，而且这个拉力总是指向地球中心，而不是指向地球的其他部位。所以，苹果总是向下掉到地上。

◀ 苹果成熟后都是落向地面

▲ 自行车架都是空心管

为什么自行车的车架都是空心管？

我们知道，无论什么样式的自行车，它的车架都是空心管的，这种设计基于什么原理呢？

其实，自行车空心管的灵感来自麦秆，麦秆能够支持比它重几倍的麦穗，主要就在于它是空心管。任何材料遇到外力发生变形的时候，都会受到挤压力和拉伸力的双重影响。空心管材料的抗弯强度几乎都集中在离中心线很远的边壁上，因此，它比一根同样重的实心棍的抗弯强度要大得多。因此，为了减轻车架的自重，同时也为了节省材料，人们将车架做成空心的以发挥材料最大的抗拉和抗压作用。

无处不在的物理知识

为什么不倒翁不会倒下？

我们都见过不倒翁，将其放在桌上，用手让它的上半部向一侧倾斜，松开手，不倒翁便左右摇晃起来，但不会倒下。不倒翁不倒的秘密是什么呢？

其实，要使任何物体稳定，不易翻倒，需要满足两个条件：第一，它的底面积要大；第二，它的重心要低。不倒翁的上半身是用比较轻的材料做成的，但在底部的里面有一块较重的铅块或铁块，因此它的重心很低。当不倒翁在竖立状态处于平衡时，重心和接触点的距离最小，即重心最低。而圆形底部摩擦力小，也容易使其回复到原来的位置。

▼ 小小的不倒翁中也蕴含着一定的科学道理

▲ 潮汐中的大潮往往出现在每个月的初一、十五

为什么大海每天都会涨潮落潮？

大海每天都经历一次涨潮和落潮，古人称白天的海涌水为"潮"，晚上的称为"汐"，合称为"潮汐"。潮汐是海洋中常见的自然现象，有法国文学家称海水的这种涨落现象为"大海的呼吸"。其实，从科学角度来讲，潮汐是海水在月球和太阳引潮力作用下发生的周期性运动。

在地球—月球系统中，地球受到两个力的作用：一是月球对它的引力，二是地球自转、绕日公转和绕地月系中心转动时产生的惯性离心力，这两个力结合产生合力。这种合力就称为"月球引潮力"，在引潮力的作用下导致海水有规律地运动，从而形成潮汐。

无处不在的物理知识

7

为什么大飞机怕小飞鸟？

小小飞鸟与体形庞大的钢铁飞机根本不可相提并论，但是小鸟却是飞机空中飞行的最大隐患。这是怎么一回事呢？

我们知道，运动是相对的。当鸟儿与飞机相对而行时，虽然鸟儿的速度不是很快，但是飞机的飞行速度却很快，这样对于飞机来说，鸟儿的速度就很快了。速度越快，撞击的力量就越大。

比如一只0.45千克的鸟儿，撞在速度为每小时80千米的飞机上时，就会产生1500牛的力，要是撞在速度为每小时960千米的飞机上，那就要产生26万牛的力。如果是一只8千克的鸟撞在速度为每小时700千米的飞机

▲ 庞大的飞机在高空飞行时最怕遇到空中的飞鸟

上，产生的冲击力比炮弹的冲击力还要大。所以飞鸟的小小血肉之躯也能变成击落飞机的"炮弹"。

▼ 小小飞鸟可以摧毁钢铁飞机

你知道直升机有两个螺旋桨吗？

　　直升机能够在空中直上直下，甚至可悬停在空中。它不需要专用机场和跑道，使用十分方便。如果你仔细看就会发现：它有两个螺旋桨，顶部有一个大机翼螺旋桨，尾部还有一个小螺旋桨。为什么直升机要有两个螺旋桨呢？

　　飞机飞离地面必须要有一个升力，以克服飞机受到的重力作用，这个升力由顶部的螺旋桨产生，它如同电风扇一样，螺旋桨高速旋转推动空气向下运动，空气产生反作用力于螺旋桨叶片上，当其作用力大于飞机重力时能使飞机向上升起。如果螺旋桨有个倾角时，空气的升力就斜向上方，此时除了向上外，还有一部分力使飞机向前飞行。

▲ 直升机

　　根据角动量守恒规律，当直升机顶部的机翼高速旋转时，与转轴相连的发动机（包括整个机身）将做与机翼旋转方向相反的转动。虽然机身质量比机翼大得多，但其旋转速度远小于机翼旋转速度，且机身不断旋转产生的扭力矩对飞机的稳定会产生不良影响，而竖直面旋转的小机翼就用来抵消整个机身旋转的扭力矩，这样就能使机身保持稳定。同时通过控制小机翼的转速还能帮助直升机在转弯时调节机身的方向。

无处不在的物理知识

为什么在坐满人的大厅里听不到回声？

　　人能听到回声必须满足四个条件：有声源发声；有介质传播，比如空气；声音遇到障碍物反射回来；回声到达人的耳朵比原声晚0.1秒以上。在坐满人的屋子或大厅里，人包括所穿的衣物都能吸收声波，声波就无法被反射，也就没有回声了。

▼ 若大厅空空荡荡就会听到明显的回声

水库大坝上窄下宽的截面有什么科学道理？

如果你看过大坝，就会发现它们的形状都是上窄下宽的。水库大坝建成上窄下宽的形状，是因为水的压强随着深度的增加而增大，大坝底部建得宽就可以承受较大的水压，以确保堤坝的安全。同时，上窄下宽的形状也可增大迎水面（挡水面）上水对坝体竖直向下的压力，可以增强坝体与坝基间的最大静摩擦力，达到防治堤坝滑坡的目的。

▲ 水库大坝都是呈梯形：上窄下宽

为什么攀登雪山时不能大声说话？

海拔高的地方空气稀薄，气压低，人体吸入氧气也比在海拔低处要少得多，如果大声说话，会消耗更多的体力。最重要的是，声音是以声波的方式传播的，大声说话或喊叫，当声波的波峰与波峰重叠，或者波谷与波谷重叠的话，引起的震动足以让濒临崩塌的雪峰散落，形成雪崩。

◀ 爬雪山时不要大声说话

无处不在的物理知识

好玩的科学

▲ 即便看不见蚊子，只要听到"嗡嗡"声，我们就知道了它的到来

昆虫飞行时的"嗡嗡"声是从哪发出来的？

很多昆虫在飞行的时候常常发出"嗡嗡"的声音，如蚊子、蜜蜂等，昆虫是从什么部位发出这些声响的？

其实大多数昆虫并没有发出"嗡嗡"声的特殊器官，"嗡嗡"声只是在昆虫飞行的时候才听得到。这是因为昆虫在飞行的时候，它的小翅膀每秒钟都要振动几百次。由于昆虫的小翅膀像膜片一样又轻又薄，振动着的翅膀如同膜片在振动。如果膜片振动频率够高，每秒钟振动可以超过 16 次，都会产生一定高低的音调来，这就是我们听到的"嗡嗡"声。

为什么有的温度计里是银色液体，有的是红色液体？

温度计有两种：一种是水银温度计，一种是酒精温度计（为了便于读数加了红颜色）。

酒精和水银各有不同的物理性质。酒精的凝结点很低，在 −117℃ 才会凝结，在地球上温度最低的南极洲，酒精温度计也能用。水银在 −39℃ 就凝结了，凝结后的水银失去了流动性，即使周围温度继续下降，水银也不能指示温度了。因此，在较为寒冷的地区适宜用酒精温度计。

由于水银的沸点高达 356.6℃，因此，人们一般用水银温度计来测量高温。水银温度计还有一个优点就是对于同样的温度变化，它比酒精温度计灵敏得多，因此在科学实验、测量人的体温时，一般都用水银温度计。

在高山上为什么总是做成夹生饭？

如果有过在高山上煮饭的经验，就会发现在高山很不容易把饭煮熟，极易做成夹生饭，这主要是因为高山上的沸点比地面上的低。在不同的压强下水的沸点是不同的，高山上压强较低，水的沸点也较低。例如，海拔 1000 米处沸点约 97℃，3000 米处约 90℃，在海拔 8848 米的珠穆朗玛峰峰顶，水在 72℃ 就可以沸腾。在高山上水虽然持续沸腾，但是却达不到煮熟米饭的温度，所以总是做成夹生饭。所以，在高山上一定要用高压锅煮饭。

▼ 在高海拔地区，米饭往往会出现夹生的情况，能吃上熟透的米饭较为难得

钢轨为什么隔一段距离就会有空隙？

火车钢轨隔一段就留一点空隙，因此乘坐火车的时候总是伴随着"咯噔噔"的响声。钢轨之间之所以都留一点空隙是因为金属会因气温的变化有热胀冷缩的现象，这个空隙是为了给这种膨胀留有一定的空间，以防轨道变形。

为什么要在钢轨下面铺碎石头？

我们路过铁道线时，总会发现钢轨周边都是碎石头，这是什么呢？原来为了分散火车的重量，钢轨下面需铺设枕木及石头以防止钢轨因压力太大而下陷到泥土里。钢轨下面的碎石头起到了防止钢轨下陷的缓冲作用。另外，火车高速通过钢轨，会产生噪音和高热，这些形状不规则的小石头容易碎裂，如此一来，就可以因为石头碎裂而吸收掉火车通过时所产生的噪音和高热。如果铺的是圆润光滑的石头，因为不容易碎裂，吸热的效果就不好了！并且这种铁路路基的保养成本较高，同时铁路基石会到处飞溅撞击车辆。所以现代高速铁路一般用混凝土单元代替基石。

▼ 火车轨道的设计蕴含着很多科学道理

▲ 雾凇也是霜的一种

雾凇是怎么形成的？

  雾凇俗称树挂，是北方冬季可以见到的一种类似霜降的自然现象，它其实也是霜的一种。

  雾凇非冰非雪，是由于雾中无数 0℃ 以下而尚未结冰的雾滴随风在树枝等物体上不断积聚冻粘而形成的。雾凇的形成需要两个条件：气温很低，水汽很充分。同时能具备这两个重要而又相互矛盾的自然条件十分难得。我国东北地区的吉林市因其特殊的地理环境和人为条件形成了独具特色的雾凇奇观。吉林雾凇季节一般从每年的 11 月下旬开始，到次年的 3 月上旬结束。

无处不在的物理知识

为什么下大雪后要在马路上撒盐？

　　经常会看到在大雪过后，环卫工人会向马路上撒盐，为什么要这样做呢？

　　下大雪后在马路上撒盐主要是利用盐水的冰点低于水的冰点这一特性除冰。盐与冰雪结合形成的少量盐水可融化周围的冰雪，从而增加盐水量，更多的盐水又可使周围更多的冰雪融化，这一过程一直持续下去，直到盐水被稀释到不能再继续融化冰雪为止。融化的冰雪可在达到冰点之前进行处理，或使其中的水分全部蒸发掉，露出路面，以保证行车安全。

▼ 撒盐可使积雪快速融化，及时清理后就不会影响人们的出行

为什么冬天会感觉铁比木头更凉？

在相同的环境中，铁与木头的温度其实是一样的。之所以我们感觉铁质的东西比木质的凉，主要是因为铁导热比木头快。我们感觉铁很凉，是因为我们手上的热很快传到整个铁上去了。而木头的导热慢，当我们握木制品的时候，手上的热只传到和手接触的部分，热能量不会很快被传走，所以我们就不感觉那样凉。

同理，在炎热的夏季，我们会感到铁比木头烫得多，也是因为铁的热量很快传到了人手上，而木头传热慢，我们就不感觉那么烫。

▲ 铁与木头的传热速度不同

冬季，玻璃上的冰花是怎么形成的？

冬天，玻璃上极易形成各种图案的窗花，这是什么原因呢？

原来，在寒冷的冬天，屋内的温度高，空气中的水蒸气变热飘动，极易凝结在冰冷的玻璃上。再者，由于玻璃的表面并不是完全平滑的，同时玻璃上的灰尘都会吸附更多的水蒸气，因此，有的地方结得厚些，有的地方结得薄些。

由于水分子之间有一种相互的拉力，它们有向水的中心团聚的倾向，在玻璃上的水分子也各自向自己的中心凝聚，各个方向上的力的争夺就出现了各种非常规整漂亮的图案。因此，在寒冷的清晨，窗户玻璃上经常会出现形态各异的美丽窗花。

你知道台风产生在什么地方吗？

台风形成的条件主要有两个：一是比较高的海洋温度，二是充沛的水汽。

首先，副热带海面气温非常高，使低层空气可以充分接受来自海面的热源；同时那里又是地球上水汽最丰富的地方，而这些水汽是台风形成发展的主要原动力。其次，副热带离赤道有一定距离，地球自转所产生的偏转力有一定的作用，有利于台风发展气旋式环流和气流辐合的增强。第三，副热带海面气候比中纬度地区的气候类型单纯，因此，海域上方的空气，往往能保持较长时间的稳定条件，有充分的时间积蓄能量，酝酿出台风。

▲ 台风卫星云图

▼ 台风登陆后气势汹汹

海啸是什么原因造成的？

海啸是一种破坏性十分巨大的灾难，它主要是由于海底地震、火山爆发、海底滑坡等引起的。

地震发生时，海底地层发生断裂，部分地层猛然上升或者下沉，由此造成从海底到海面的整个水层发生剧烈"抖动"。这与一般海浪不同，一般海浪只在海面起伏，涉及的深度不大，波动的振幅随水深增加衰减很快。地震引起的海水"抖动"则是从海底到海面整个水体的波动，而且海啸波长很大，可以传播几千千米而能量损失很小。积聚着巨大能量的海啸能掀起惊涛骇浪，高度可达十多米甚至更高，形成"水墙"。一旦海啸进入大陆架，由于海水深度急剧变浅，波高骤增，可达 20 米高。能量巨大的"水墙"若冲上陆地，就会给人类的生命和财产带来毁灭性灾害。

▼ 海啸往往给人类带来毁灭性的灾难

无处不在的物理知识

▲ 沿海地区空气都较为潮湿

为什么海滨地区冬天不冷，夏天不热？

　　如果你在海滨地区生活过，就会发现冬天那里也狂风呼啸，可体感却不是太冷；炎热夏季也不似内陆地区酷热难耐。这主要是因为海洋和陆地的比热容不同。

　　海洋的比热容（是单位质量物体改变单位温度时的吸收或释放的热量）比陆地的大。夏季陆地吸热快，放热慢，近地面空气膨胀上升形成低压，陆地就是热低压区。而海洋吸热慢、升温慢，海洋表面的空气冷却下沉，海洋就形成冷高压区。空气从高压区流向低压区就形成了海风，给陆地带来了凉爽。在冬季，陆地的温度比海洋温度低，海水不断向外散热，因此同纬度的海滨地区比内陆地区要暖和。加上海边水汽充沛，所以即便狂风呼啸，吹在脸上也较为温和。

为什么雷阵雨常常出现于夏季？

夏季天气酷热，太阳把地面晒得使其温度迅速升高，低空中的水汽被强大的上升空气推送到高空，形成了大块的积雨云。积雨云里蕴藏着大量水分，这些水分随着云层的发展而不断积聚增大。又因为强烈的热力对流，造成了积雨云扰动很厉害，所以会产生闪电现象。由于积雨云一块接一块地移过来，所以，雷阵雨的雨量变化很大。

由于只有在夏季高温情况下才具备产生积雨云的条件，所以雷阵雨也常常出现在夏季。

▼ 来势汹汹的雷阵雨一般不会持续太久

冰为什么特别滑？

冬季，人们会在冰冻的水面上玩耍。为什么冰特别滑呢？

冰是由水分子凝结而成的，水分子挨得很近，所以冰的表面很光滑，不像其他物体那样凹凸不平。

此外，冰的熔点很低（0℃）。当物体在它表面滑过时，由于摩擦会产生温度，使冰融化成水，水会在接触面形成一层膜，这层膜使接触冰的物体与冰之间只有很小的摩擦力，同时水也可起到润滑的作用。如此，就可大大减小冰的摩擦系数。所以在冰上行走，只能是滑行了。

▼ 冰面十分光滑，要在上面行走自如需要进行一定的训练

▲ 终年积雪的高山

有些高山上的冰雪为什么终年不化？

　　温度随着高度的增加而不断降低，平均海拔上升 1000 米，温度下降 6℃，所以到了一定高度，气温就会降低到 0℃ 以下。山顶温度低于 0℃ 时，山顶的积雪就不会融化。同时，由于冰雪表面反射光的作用强，一般 50% ~ 90% 的光和热会被反射回去，使得这里不利于吸热，气温更低，冰雪更不易融化。所以，有些高山上会终年积雪。正是这个原因，在赤道附近也能看到雪山。

无处不在的物理知识

为什么三棱镜可以分解阳光？

牛顿是最先为我们解开阳光色彩之谜的人。

阳光是由很多不同颜色的光组成的。由于光的波长不同，在三棱镜下，这些不同波长的光的折射率不同，导致折射光线偏折的角度会不一样，于是这些光就分散开了，呈现出了自己的本色。又因为红色光偏折角最小，紫色光偏折角最大，所以我们通过三棱镜看到的阳光呈现的是彩色的，且颜色排列是红、橙、黄、绿、蓝、靛、紫的顺序。

▼ 阳光经过三棱镜后被还原

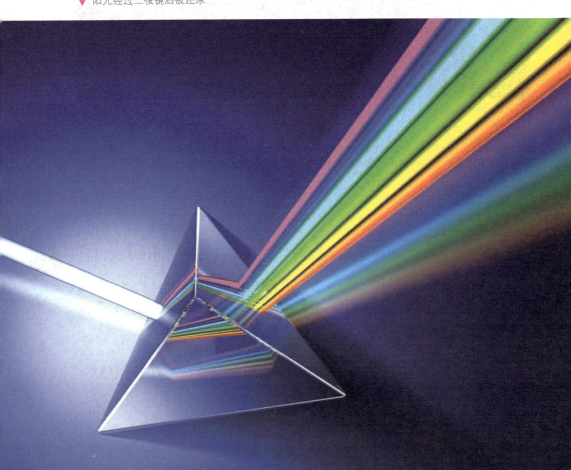

▲ 闪烁的星星使夜晚变得美丽

为什么星星会一闪一闪的？

　　夜晚，我们望向星空，总是看到星星一闪一闪的，原来，这不是星星本身的光度出现变化，而是与大气的遮挡有关。大气隔在我们与星星之间，当星光通过大气层时，会受到大气密度和厚薄的影响。大气不是绝对透明，它的透明度会根据密度的不同而产生变化。当我们透过大气来看星星，就会看到星星好像在闪动的样子了。

▲ 海市蜃楼

为什么会出现"海市蜃楼"？

　　天气晴朗的夏季，在沙漠地区或风平浪静的海面上，有时会出现高耸的楼宇、络绎不绝的人群，还有车辆、树木，就好似飘在空中的另一个世界。人们将这种幻景称为"海市蜃楼"。其实这种奇景的形成，是因为光照在物体表面会形成折射和反射现象。

　　在炎热的夏季，近地面的空气受到太阳的猛烈照射，温度升高很快，空气密度变小，而上层空气仍然比较冷，空气密度大。这样远方物体各点所投射的光线在穿过不同密度的空气层时，就会出现折射。当光线快射到地球表面时，就会发生全反射，于是就出现了"海市蜃楼"的现象。

　　海面上的情况与沙漠地区正好相反，海面底层空气密度大，上层空气温度高、密度小，这样物体投射的光线经过上疏下密的空气层时就会产生折射和全反射现象，这就是海上"蜃景"出现的原因。

为什么海水呈现蓝色或绿色?

  海水的颜色主要是由海水的光学性质,即海水对太阳光线的吸收、反射和散射造成的。我们知道:太阳光是由红、橙、黄、绿、青、蓝、紫七色光复合而成,七色光波长短不一,从红光到紫光,波长由长渐短,其中波长较长的红光、橙光、黄光穿透能力强,最易被水分子吸收。波长较短的蓝光、紫光穿透能力弱,遇到纯净海水时,最易被散射和反射。又由于人们眼睛对紫光很不敏感,往往视而不见,而对蓝光比较敏感,于是,我们所见到的海洋就呈现出一片蔚蓝色或深蓝色了。如果掬一捧海水近看,海水和普通水一样,是无色透明的。

▼ 蓝色、绿色是大海的主色调

为什么彩虹总是出现在清晨或傍晚？

　　彩虹一般都是在清晨或傍晚的时候才会出现，很少出现在中午，这是为什么呢？

　　其实，彩虹并非是出现在半空中的特定位置，它是观察者看见的一种光学现象。彩虹看起来的所在位置，会随着观察者位置的改变而改变。当观察者看到彩虹时，它的位置必定是在太阳的相反方向。彩虹拱以内的中央，其实是被水滴反射放大了的太阳影像，所以彩虹拱以内的天空比彩虹拱以外的要亮。如果太阳的位置相对于观察者是垂直的，那么，彩虹的位置就会在地平线以下，观察者也就无法看了，这也是为什么彩虹很少在中午出现的原因。

▼ 彩虹往往出现在清晨或傍晚的雨后

雷声是由什么引起的?

▲ 雷声、闪电往往是下雨的前兆

高空中有好多股气流在不断地运动。这些气流有的向上跑,有的向下跑;有的速度快,有的速度慢。气流的运动使空气中的积雨云有的向上冲,有的向下降。云和云之间的摩擦使云带上不同的电荷。由于同种电荷相互排斥,因此正电荷和负电荷分别聚集到云的两端。空气流动越快,云层越厚,带的电就越多。积云所带的电达到一定程度,就会穿过空气放电,使两种电荷中和,这就是我们看到的闪电。由于云中的电流很强,电穿过空气的时候会发热,空气被烧的炽热,温度比太阳表面还要高好几倍,这巨大的热量使空气迅速膨胀,从而产生巨大的声响,这就是雷。由于光的传播速度比声音快,因此我们往往先看到闪电后再听到雷声。

为什么不能用湿布去擦电器或用湿手去拨动开关?

我们知道物质可分为导体和绝缘体。人体在皮肤很干燥时,电压不高的情况下,电流就不太容易通过。水在完全纯净的情况下也是一种绝缘体,但是通常水中都有一些杂质,特别是某些盐类溶解在水中,水就会变为导体。我们平常用的自来水,总是有各种杂质溶解在里面,当皮肤沾上水,就会成为导体。所以,用湿布去擦拭电器或用湿手去拨动开关就有触电的危险,是很不安全的。

无处不在的物理知识

为什么鸟停在高压线上不会触电？

我们总是被提醒要远离高压线，若不小心造成触电事故，往往会造成人员伤亡。可我们总能看到成群的鸟儿待在高压线上却没有任何危险，这是为什么呢？

原来，发生触电事故是因为人和动物在接触电时，同时接触火线和零线，或者是人体站在地面上，身体接触到了火线，在这样的情况下，电流经过身体和大地形成了回路。

而小鸟儿一般都很小，它们的身体只接触到一根电线，鸟儿本身和高压线具有相同的电压，因此不会构成回路，没有电流从它们的身上流过，因而不会触电。

为什么不能用塑料桶装运汽油？

人们总是用铁桶来装运汽油，而不是用既经济又轻便的塑料桶，这是什么呢？

汽油是电阻率很大的易燃液体，在运输和使用过程中易积聚静电；而塑料不是电导体，不易导除静电。若用塑料桶装汽油，在运输过程中产生的静电不易被导除，当静电积累到一定程度会发生放电现象，产生火花引燃汽油，造成事故。所以，汽油运输要用可以导电的铁桶，这样桶内产生的电荷就可顺着铁桶，通过车体传入地下，运输的安全性就大大提高了。

◀ 运输过程中，汽油都用铁桶装

电器上标明的电压为"220伏"和"380伏"是什么意思？

220伏和380伏都表示电器的额定电压（电器长时间工作时所适用的最佳电压）。220伏是单相电，380伏为二相电，不能混用。

任意一根相线（即俗称的火线）与零线之间电压都是220伏，其构成的供电回路方式叫单相供电，简称单相电；两根相线构成的供电回路方式叫两相供电，简称二相电，其电压为380伏。平常我们家庭用的电器都是220伏，工业用电如大型电动机、鼓风机的额定电压都是380伏。所以，用电时一定要看清电器说明书上的额定电压要求，以保证正确、安全用电。

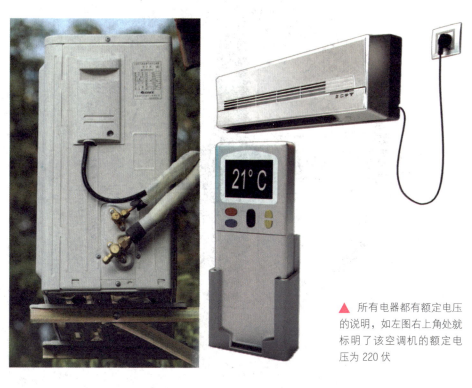

▲ 所有电器都有额定电压的说明，如左图右上角处就标明了该空调机的额定电压为220伏

指南针指向的是地球的正南方吗？

虽然是叫指南针，但指南针并不指向地球的正南方向，而是有所偏差。这是因为指南针指向的是地磁的南北两个极点，而这两个极点与我们所说的地理学上的南北两极并不重合。

在地理学上，地理南极是地轴的南端，地理北极是地轴的北端；地磁场在地球表面的两个极点与地理南北极并不重合，而且位置不固定。因此，指南针的指向与地理波上的南北两极都存在一个偏角，即地磁偏角。只有在无磁偏角的地方指南针才指向正南和正北方向。

part 2

小生活中的大学问

为什么突然倒热水玻璃杯会破裂？

如果想往一个很凉的玻璃杯中倒入沸水，应当先用少量的沸水预热一下杯子，否则玻璃杯会出现炸裂现象，这是因为玻璃杯内外温差过大导致的。往玻璃杯中倒入沸水，内层玻璃受热马上就膨胀了，但玻璃杯的外壁温度较低，仍然保持原样。这样内层玻璃就会拼命往外挤压，玻璃杯就会被挤破，发生爆裂。

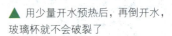

▲ 用少量开水预热后，再倒开水，玻璃杯就不会破裂了

暖气的散热片为什么多安装在窗户下面？

热在空气中主要是靠对流方式传递的。暖气片的热传递过程为：暖气片将附近的空气烤热，热空气上升，附近的冷空气就过来补充，冷暖空气就在房间内形成对流，使整个房间快速升温。

将暖气片安装在窗户下面，主要是因为窗口是能进冷空气的地方，暖气安到那里，热空气上升，就形成了一个热幕，这样就可阻止冷空气进入到室内了。

长时间吹电风扇有什么害处？

电风扇是人们消夏解暑必不可少的电器，但是电风扇不能吹得太久。电风扇吹久了，汗虽然没有了，但是人体内的热量却散发不出来，人就会出现头昏、头痛等症状。特别是外出或运动之后，大汗淋漓之时，若对着电风扇吹，就会使皮肤的温度骤降，毛孔闭塞，容易引起感冒。所以，夏季吹电风扇不能太久，且要时常打开窗户，保持空气的流通。

太阳能热水器是如何把水加热的？

现在太阳能热水器几乎成为家庭必备之物，它使用方便，且节能环保。太阳能热水器是如何将太阳能转化为热能的呢？

现在家庭用的太阳能热水器绝大多数是真空管式热水器。真空管式家用太阳能热水器是由集热管、储水箱及支架等相关附件组成，把太阳能转换成热能主要依靠集热管。太阳辐射透过真空管的外管，被集热镀膜吸收后沿内管壁传递到管内的水。根据热水上浮冷水下沉的原理，集热管内的水温升高后会上升，冷水下移，产生自然循环，水温逐步升高，最终整箱水都升高至一定的温度。

◀ 太阳能热水器

为什么不能把磁铁放在彩电旁边?

电视的显像原理是利用磁场改变电子束的方向，打在屏幕的荧光物质上，才出现了生动的画面！彩色电视机旁边若有磁铁等磁性物质，这些外部磁场就会改变电子束在原磁场受到的洛仑兹力，那么就改变了电子束原来运动的轨迹，使电视机不能正常显示画面，如出现色斑等。如果及时拿走磁铁，电视画面就会自动恢复正常；若磁铁在电视机边时间久了，电视自带的消磁电路将无法修复。

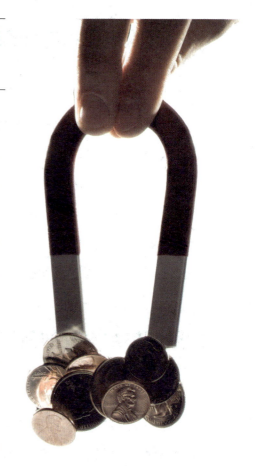

▼ 不要将磁场强大的磁铁放在彩电旁边

▲ 空调房虽凉快，但不可长时间待在里面

为什么人不宜长时间待在开空调的房间里？

　　空调在炎热的夏季给人们带来凉爽，现在拥有空调的家庭和办公场所越来越多，但是人不宜长时间待在开空调的房间中。这是因为空调启动后，为了保证制冷效果，必须关闭门窗，室内的一氧化碳、氮氧化物、悬浮颗粒越来越多，空气受到污染，对人体健康不利。空气污染还会使对人体有益的负离子减少。所以，夏天不能长时间待在空调房中，应注意开窗通风，并适当到户外进行体育锻炼，以适应自然温度，提高身体免疫能力。

小生活中的大学问

为什么打针时不用纯酒精消毒？

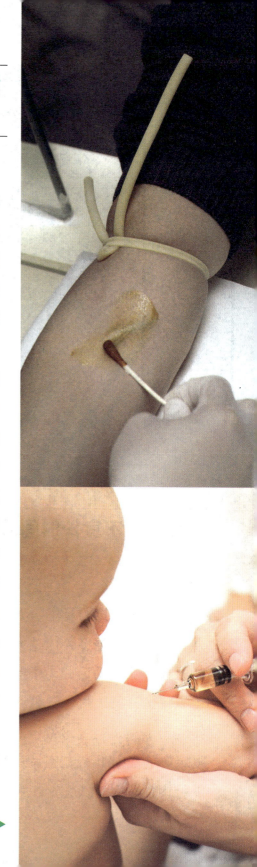

　　每当人们输液打针时，护士都会用酒精棉球给病人擦拭皮肤，以杀菌消毒。其所用酒精都是稀释到浓度为 70% ～ 75% 的酒精而不是纯酒精。既然酒精能杀菌消毒，那为什么不用纯酒精呢？

　　用酒精杀菌消毒是因为酒精能渗入细菌体内，使组成细菌的蛋白质凝固。酒精浓度越高，蛋白质凝固的作用越强。当高浓度的酒精与细菌接触时，就能使菌体表面迅速凝固，形成一层包膜，阻止了酒精继续向菌体内部渗透，细菌内部的细胞并不能被彻底杀死。一旦酒精挥发，包膜内的细胞可能会冲破包膜重新复活繁殖，这就达不到消毒杀菌的目的了。根据研究，稀释到 70% ～ 75% 的酒精，既能使组成细菌的蛋白质凝固，又不能形成包膜，能使酒精继续向细菌内部渗透，而使其彻底消毒杀菌。

用稀释后的酒精棉球杀菌消毒后，打针才安全 ▶

为什么打针时都要挤出一点药水？

在医院里，医生或者护士给病人打针前，都要把针管竖起来，从针头中挤出一些药水来。为什么打针时都要挤出一点药水呢？这样做是为了挤出针管中的空气。

护士在把药水吸进针管时，可能会吸进一些空气，这些气体如果打进病人的身体内会有危险。因为打进去的空气会顺着血流一直向前跑，直到口径较小的血管，空气泡挤不过去时就像个瓶塞子似的堵在那里了。这样就会阻碍血流的畅通，影响到输送氧气和养料的功能，从而使相应组织出现缺氧和营养不良的现象。针头朝上竖起来，里面的空气跑到针头附近，向上挤药水时，空气就被赶出去，就可避免这种情况的发生。

这样做也是为了精确用药量，将多余的药水挤出。

▲ 打针时先要挤出一点药水是为了将里面的空气排出

为什么不要频繁开日光灯?

节约用电是个好习惯，但如果家里用的是日光灯，就不要频繁地开和关，那样就会缩短日光灯的使用寿命。

日光灯属于气体放电灯，其工作原理是灯丝加热后发射电子，使灯管中的水银蒸气电离发出紫外线，在紫外线的激发下，管壁上的荧光粉发出可见光。为了加大灯丝发射电子的能力，在灯丝表面涂有碳酸钡、碳酸钙、碳酸锶等发射物质。在启动时，由镇流器、启动器配合作用在灯管两端产生瞬时高压使荧光灯点燃。这时灯丝上的氧化物涂层受到在强电场作用下的离子的轰击，最易受到损坏，其损坏程度远比工作时要严重。据测定，日光灯每启动一次，对灯管的损害相当于正常工作状态下约10小时对灯管的损害。所以，日光灯的寿命与启动次数紧密相关。为了降低对灯管的损害，最好不要频繁开关。

▼ 日光灯最好不要频繁开关

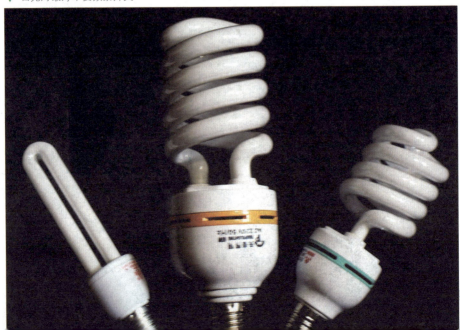

▲ "白色垃圾"在城市随处可见

为什么塑料袋被称作"白色污染"？

因为塑料袋是白色的，它们对环境的污染非常严重，所以人们称之为"白色污染"。

首先，这些塑料袋大多是聚氯类的高分子化合物，难以降解处理，燃烧还会产生有毒气体。它们在自然界停留的时间很长，一般可达 100 ~ 200 年，难以回收利用。

其次，塑料袋随风飘飞，污染空气、水体。河、海水面上漂着的塑料瓶和饭盒，水面上方树枝上挂着的塑料袋等，若被动物误食会伤及它们的健康，甚至会因为塑料袋绞在消化道中导致动物无法消化而活活饿死。

第三，白色垃圾可能成为有害生物的巢穴，它们能为老鼠、鸟类及蚊蝇提供食物、栖息和繁殖的场所，而其中的残留物也常常是传染疾病的根源。

塑料袋等一些塑料包装物容易造成长期的、深层次的生态环境问题，因此，从环保的角度出发，我们要尽量不用或少用塑料袋。

小生活中的大学问

口渴时吃冰淇淋为什么越吃越渴？

炎炎夏季，美味爽口的冰淇淋成为很多人的最爱，人们觉得它可以消暑降温，但是吃过之后，反而觉得更口渴了，这是为什么呢？

其实，冰淇淋并不能解渴。冰淇淋是用牛奶、鸡蛋以及大量的糖做成，其中主要成分是蛋白质，有的冰淇淋还添加了色素、各种添加剂等物质，这些成分在体内代谢时需要大量的水分。刚吃冷饮时感觉凉爽，只是低温刺激使胃肠道温度暂时降低，掩盖了口渴的感觉。随着消化冰淇淋的水分的流失，以及胃肠道温度的复升，人会感到更加口渴。

夏季出汗多，人体会流失水分和一部分盐分，因此在大量出汗、口渴时最好能适当补充淡盐水，且平时最好能以白开水为主要饮品。

▲ 冰柜中五颜六色的冰淇淋

为什么夏天穿深色衣服要比浅色衣服热？

在炎热的夏季，人们多会选择浅颜色的衣服，被选的最多的颜色就是白色。若穿上黑色、蓝色等深颜色的衣服就感觉比较热，这就是颜色中蕴藏的科学道理。

不同的颜色吸收和反射阳光的能力和强度是不同的。浅色的衣服能反射较多的太阳光，因而吸收太阳光的能量少，人就不感觉那么热；黑色等深颜色的衣服反射能力差，吸收的太阳光能量多，人很快就能感觉到热。

因此，炎热夏季人们多数都穿浅色的衣服，在寒冷的冬季则大都穿深颜色的衣服。

▲ 夏季，白色衣服是多数人的首选

为什么夏天扇扇子会觉得凉快？

在热的时候，如果我们站在转动的电风扇面前，或者扇几下扇子，就会觉得特别凉快。这是为什么呢？

这是因为扇扇子时，被扇的部分空气流动速度快，产生了风。快速流动的气体加快了身体表面液体的蒸发速度。由于蒸发吸热，人体的热量被带走了，因此人就感觉凉快。

小生活中的大学问

43

为什么拖拉机的前轮小、后轮大?

如果你仔细观察过拖拉机,就会发现,工作在田间地头的拖拉机都是前轮小、后轮大,这其中又有怎样的科学道理呢?

拖拉机主要是在田地里工作,田地地面很不平整,沟沟坎坎。拖拉机的后轮是主驱动轮,其负载物的重量主要由后轮承担,这样后轮的直径必须比较大,宽大的后轮使拖拉机与地面的接触面变大,使单位面积承担的重量变小,只有这样拖拉机才能顺利通过凹凸地面,否则就会陷在里面。

与后轮相比,前轮主要起支撑导向的作用,因此前轮也叫导向轮,它只要满足工作需要就行了。若将前轮也设计得又宽又大,地面对它的阻力就会增大。为了克服轮子受到的阻力,就必须消耗更多的能量,且驾驶员操纵起来也很不灵便。

自行车外胎为什么有凹凸不平的花纹？

　　自行车外胎上有凹凸不平的花纹，一些山地自行车上的花纹凹凸程度更大、更粗糙。自行车外胎上为什么有这些凹凸不平的花纹呢？

　　在物理学中，摩擦力的大小跟两个因素有关：压力的大小、接触面的粗糙程度。压力越大，摩擦力越大；接触面越粗糙，摩擦力越大。自行车外胎这些凹凸不平的花纹增大了自行车与地面间的粗糙程度，也就增大了车胎与地面的摩擦力，这样就可以防止自行车打滑，增强其稳定性。

自行车上的尾灯有什么作用？

　　自行车上的红色尾灯不能像汽车灯一样发出亮光，那为什么自行车上还要设计尾灯呢？这个尾灯有什么作用呢？

　　自行车的尾灯是由互成直角的一些小平面镜组成的，这些小平面镜多为红色。虽然自行车尾灯不能自行发光，但是到了晚上当后面汽车的灯光射到自行车尾灯上时，由于平面镜的反射作用就会产生红色的反射光，这样就可以引起后面汽车司机的注意，以便及时避让。

小生活中的大学问

为什么冬天发动汽车比较困难?

生活在北方的人都知道,冬天想要开车出门都会提前预热一下,这是为什么呢?

首先,在天气非常冷的时候,汽油蒸发的速度会很慢,因此更难于燃烧,发动机就无法启动。

其次,机油流动受阻。在冬季里,机油的黏度变大,机油流动也愈发困难,从而使发动机发动时阻力增大,这就造成了汽车在冬季的冷启动困难。

第三,汽车电瓶电力不足。在低温下,汽车的耗电量会明显大于其他季节,电瓶也会因为低温环境而变得电容量降低。及时充电或更换新电瓶也是保证汽车正常发动的要素之一。

▼ 冬天汽车发动比其他季节困难得多

▲ 汽车的前雾灯为黄色，后雾灯为红色

为什么选用黄光作为汽车的前雾灯？

　　在汽车车头两侧，一般都有两只大灯，大灯下面还有两只小灯，这两只小灯就是汽车的前雾灯。车头的雾灯散发出来的是黄色光，为什么要选用黄色光而不选用比较醒目的红色光呢？

　　因为雾灯的光必须具有散射作用，才能让光束尽可能向前方散布成面积较大的光簇，使迎面来车的驾驶员既看清目标又不刺眼。黄色光的波长比红色光的波长短，散射强度比红色光要强（根据科学测算，黄色光的散射强度是红色光散射强度的 5 倍）。所以，黄色光被选用作前雾灯。

　　汽车的后雾灯则选用了红色光。因为在光谱中，由于红色光的波长最长，可以传播较远的距离；加上红色被用作交通信号中的停止标志，所以，红色的后雾灯也起到警示作用。这样，雾天后方司机可及时发现前方车辆，以减速慢行，保持安全距离。

生活中的大学问

为什么加油站里不能使用手机？

加油站都有禁止拨打手机的提示，为什么在加油站里不能使用手机呢？

手机是一种无线电通讯工具，无线电发射机发射出的无线电波（射频电磁辐射），能使接收无线电的物体产生射频电流。当射频电流在金属导体间传导时，遇有锈蚀或接触不良，就会产生射频火花。由于汽油是易挥发性易燃物质，在油气罐及天然气管道中会有部分挥发，其在空气中的浓度达到 7%～7.2%，遇到火源就会发生爆炸。特别是在温度较高的夏天，汽油挥发速度快，加油站内空气中的汽油浓度相对较高，当其达到一定浓度后，任何细小的火花或肉眼看不到的静电都会引起爆炸。加油站内的加油机、地下油罐出口、通气管及泄油口 3 米范围之内属于防爆区，如果在防爆区内打手机就可能会发生危险。

其次，在车辆加油时，当加油站通过油枪向汽车或摩托车油箱加注汽油时，原来空油箱内的油气便向外飘散，加之新注入的汽油也向空气中挥发，使加油的车辆周围空气中的油气密度骤增。此时，如果在其附近拨打手机、接收来电，在瞬间产生的电子摩擦就可能点燃汽油引发爆炸。

为了我们的人身安全，也为了公共安全，在加油站切不可使用手机。

◀ 加油站内禁止打手机

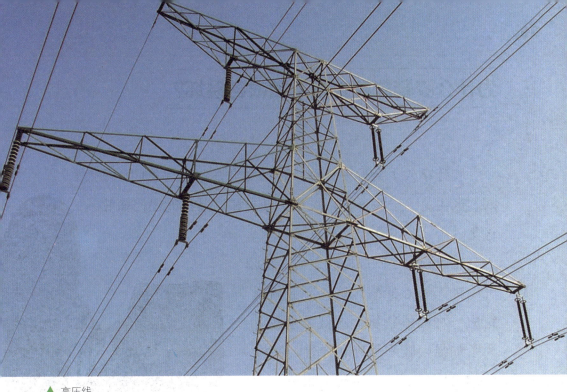

▲ 高压线

高压电线断了，怎样才能安全离开？

　　高压电线带有高额电压，十分危险。高压电线一般因为架设较高，不会影响到人们的出行和生活。如果碰到高压线断裂落地，你知道如何安全离开吗？

　　高压线断落到地上，接地短路，电流就在接地处四散流出，在地面形成不同的电位分布，人在走近短路地点时，两脚之间就会产生电位差，即跨步电压。离落地点越近跨步电压越大。人遭遇跨步电压时，电流就会沿着人的下身，从脚经腿、胯部又到另一脚与大地形成通路，会对人体造成伤害，严重的还可致人死亡。因此，误入跨步电压区时，一定不要双脚同时落地，最好能一只脚跳着走，离开跨步电压区。

小生活中的大学问

为什么胶鞋放在太阳下晒很容易坏?

　　胶鞋穿久了会发硬变脆，容易开裂，这种现象叫作橡胶的"老化"。一般来说，氧化、日光和高温都能促使橡胶老化。

　　在橡胶树中割取橡胶之后，往胶乳中加入一点醋酸，这些乳胶就凝结成一种固体物质，这就是生胶。为了加强生胶的强度和弹性，在橡胶加工厂里，人们用硫黄来革新生胶。硫原子能把橡胶分子互相连接起来，使橡胶分子的线型结构变为网状的体型结构，从而大大提高了橡胶的强度。在橡胶加工的时候，除了添加硫化剂以外，还加入多种配料，即着色剂、软化剂、增强剂、填充剂、防老剂等。防老剂的作用就是防止橡胶的老化，延长它的寿命。

　　阳光中含有大量的紫外线，紫外线除了能够杀菌消毒以外，当它进入橡胶制品内部就会切断橡胶的分子链。同时，阳光的高热还会使硫原子和生胶分离，破坏了它的体型分子结构。这样一来，橡胶就失去弹性和分子间的结合力，很容易开裂。有的胶鞋甚至会在强光下被晒裂。

　　因此，橡胶鞋在清洗之后应放在阴暗通风的地方晾干，不能在阳光下暴晒或在炉火旁烘烤。

◀ 橡胶轮胎

为什么不宜在风口处睡觉？

　　没有遮挡而且风比较大的地方被称为风口。房屋家居中也有风口，人在休息睡眠时最好避开风口。这是因为人睡觉时全身机体都处在放松的状态下，汗毛孔也放松张开。如果睡在风口下，皮肤受凉，汗毛孔就会收缩，阻碍体内热量散发。若发生闭汗，人就容易生病，甚至会使脸上神经麻痹，出现口眼㖞斜等症状。有些人虽不至于出现口眼㖞斜的病症，但也往往会感到关节酸痛无力、头痛等。

　　为了身体健康，睡觉的时候一定要避开风口，注意保暖。

▼ 为了身体健康，睡觉时需要避开风口位置

在强光下看书为什么不好？

为了保护眼睛，应避免在强光下看书。因为我们的眼睛里有一层很薄的"视网膜"，它是由无数个能感光的细胞和神经细胞组成的。如果我们在大灯泡的台灯下或强烈的阳光下看书，强烈的光线就会刺激眼睛的感光细胞和神经细胞，这样会使眼睛疲劳、头昏、眼花。时间一长，会伤害视网膜，伤害眼睛。

▼ 为了保护眼睛，不要在强光或阳光下看书

▲ 开窗通风

为什么早晨起床后要开窗户通风？

　　早晨起床后开窗通风已经成为很多人的习惯，其实这样做对健康是很有利的。在深秋和寒冷的冬季，人们一般都是紧关着门窗睡觉。待在密闭的房间里，全家人呼出的二氧化碳不能及时排出，全部积存在房间里面，氧气逐渐减少，屋里的空气十分浑浊。此时开窗，可以将屋内污浊的空气及时赶走，让新鲜的空气进入屋里，各种细菌、病毒等就难以繁殖与生存。可以说，开窗通风也是家庭最简单经济的空气消毒办法。

　　一般太阳升起时就可以开窗通风，寒冷冬季通风时间不必很长，一般 15 分钟左右就可以了。注意，一定要让空气充分对流，以保证污浊空气及时排出。

小生活中的大学问

为什么肥皂泡总是先上升后下降？

　　用一个小细管浸上肥皂水就可以吹出五彩的泡泡。若仔细观察，你会发现这些肥皂泡开始时总是上升，随后慢慢下降，这其中包含着一定的科学道理呢！

　　肥皂泡刚开始形成时，其中包含的是人吹出的热空气，肥皂膜将它与外界隔开，肥皂泡里的热空气温度大于外部的空气，其密度相对于外部空气就小，肥皂泡就会上升。这跟热气球上升的原理是一样的。在上升过程中，随着时间的推移，肥皂泡内、外气体发生热交换，内部气体温度下降，肥皂泡的体积随之减小，它受到的空气浮力也会逐步变小，肥皂泡就会下降了。

▲ 棉衣、羽绒服保暖性能好，可帮助人们度过寒冷的冬季

为什么穿棉衣会觉得暖和？

　　人的正常体温是 37℃ 左右，如果外界气温低于人的体温，我们的身体就要向外放热。冬天因为人的体温与外界气温相差很大，身体向外散热，我们就感觉到冷。穿上棉衣或羽绒服我们就感觉暖和很多，这是因为棉花、羽绒是难传导热量的物质。

　　棉花纤维间有许多空隙，就好像许多小袋子一样，人体散发的热量就被装在这些小袋子中，成为一个屏障，衣服内外气体流动性降到最低，热量就被最大限度地保存在衣服之内，人就感觉暖和。

　　而羽绒服在充入羽绒之后，蓬松多空隙，含气量比棉衣要高出很多，透气性小，热量传递更少，所以其保暖效果比棉衣更好。

生活中的大学问

好玩的科学

为什么游泳时戴上泳镜在水中看得更清楚?

在水中游泳，若不戴泳镜，视线会模糊看不清楚，戴上泳镜不仅保护眼睛，还能在水中看得更清楚。为什么戴上泳镜就能在水中看得更清楚?

空气中的光线会以某种折射角进入人眼睛的晶状体,经调节(一般在睫状肌控制范围之内)准确地落在视网膜上形成清晰的影像。然而光从空气进入水中时，其传播速度会发生改变，导致路径改变、产生弯折，那么水中的光线进入人的晶状体时也会发生改变。这样一来焦点往往会落在视网膜之前，而不是准确落在视网膜上，所以，在水中裸眼视物一片模糊。

戴上泳镜，就恢复了光线原先从空气到眼睛的路径，所以视力会恢复正常，人也就能看清楚了。

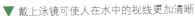
▼ 戴上泳镜可使人在水中的视线更加清晰

晒过的棉被为什么又软又轻？

棉被盖的时间长了就不软了，可在阳光下晒上一天就又软又轻了。这是因为棉花纤维之间有很多空隙，时间一长空隙中的空气被压出，加上人体出汗等，棉被受潮变重。晒过太阳之后，潮气被晒干，纤维之间又充满了空气，分子距离加大，所以棉被变得又松又软。

此外，阳光中的紫外线还有杀菌作用，因此，常晒被子对健康十分有利。

为什么现在的电器多数都用三脚插头？

现在很多家用电器，如电冰箱、洗衣机、电风扇、电饭锅等电源插头都是三脚的，为什么这些电器都用三脚插头呢？

三脚插头比两脚插头多了一条接地线。这条接地线是联结在家用电器的机壳上的，另一端则联结在插座上，由插座联结地表下。因为有时家用电器的外壳带电，有时会因为天气原因等带有静电。有了地线的联结，多余的电流就会随地线传到地表以下，从而保证用电安全。为了保证用电安全，现在一般金属外壳或大功率电器都使用三脚插头。

现在很多家用电器都是三脚插头 ▶

海水中的盐是从哪里来的？

　　海水又咸又苦，若需要多日出海，人们都是自带淡水。海水为什么是咸的？其中的盐分来自哪里呢？

　　海水中含有各种盐类，其中 90% 左右是氯化钠，也就是食盐。另外还含有氯化镁、硫酸镁、碳酸镁及含钾、碘、钠、溴等元素的其他盐类。当雨水降到地面，便向低处汇集，形成小河，流入江河。一部分水穿过各种地层渗入地下，然后又在其他地段冒出来，最后都流进大海。水在流动过程中，经过各种土壤和岩层，使其分解产生各种盐类物质，这些物质随水被带进大海。海水经过不断蒸发，盐的浓度就越来越高。

　　此外，海底火山喷发，岩浆溢出，也会使海洋盐分增加。

▼ 海水中盐分很高，甚至可将海水直接作为制盐原料

为什么人距离镜子越远越走样？

人与镜子保持适当的距离才能看出自己的"真面目"，人距离镜子越远照出的像越走样，这是怎么回事呢？

因为镜子后面都有一层镀银，镜子里的像就是由镜后镀银面的反射形成的。镀银面不平或玻璃厚薄不均匀照出的像都会产生走样的现象。根据光放大原理，人距镜子越远，镀银面的反射光到达的位置就越偏离正常位置，镜子中呈现的像就越走样。

为什么皮鞋上油后越擦越亮？

皮鞋长时间不打油就会落上很多灰尘，看上去乌黑没有光泽。只要我们往皮鞋上擦些鞋油，它就会变亮。若用布条反复擦拭，鞋面会更亮，鞋子看上去像新的一样，这是为什么呢？

我们知道，若物体表面十分光滑，光就会向一定的方向反射发出亮光。如果物体表面是凹凸不平的，则会发生漫反射。皮鞋的表面不是光滑的，而是有很多毛孔，但是当我们擦了鞋油后，鞋油中的一些小颗粒就填补了鞋面上的那些坑坑洼洼，鞋面平整光滑了，反射光线的能力也加强了。若用布条不停擦拭，鞋面就更加光滑，皮鞋也就更亮了。

小生活中的大学问

为什么生活在冰下的鱼不会冻死?

北方的冬天十分寒冷,河面上常常结了厚厚的一层冰,冰层下的鱼儿照样游来游去。为什么冰层下的鱼儿在寒冷的冬天不会被冻死呢?

这是因为冰只结在水的表层。如果温度很低的话,冰层相对较厚。但是厚厚的冰层就像大棉被一样,使冰下的水不会太冷。一般水在0~4℃时热缩冷胀,冰的密度小于水面,也就是说冰面以下水的温度一般在4℃左右,这个温度是鱼儿能承受的温度。且鱼是冷血动物,温度越低新陈代谢越慢,只要不结冰,需氧量和饮食近乎停止。所以,它们在冰层之下仍能生存,只是活动较慢,没有温暖季节灵活。

▼ 鱼儿有一定的耐寒能力

为什么秋天时树叶会变色？

深秋时节，树叶没有了绿色，却出现了红色、黄色等其他色彩，为什么树叶会变颜色呢？

树叶变色的原因与其蕴含的化学物质——叶绿素有关。当秋天来临时，白天的时间逐渐缩短，与夏日相比气温也降低了，树叶停止制造叶绿素，开始将剩余的养分输送到树干和树根中储存，以保障过冬的营养供应。树叶中缺少了绿色的叶绿素，与此同时，其他化学色素开始显现出来，所以我们多看到的是黄色、褐色、红色等颜色的树叶。

▼ 深秋时节，树上的绿叶都变了颜色，换了新装

为什么秋天来临树叶就纷纷脱落？

▲ 秋天来临，树叶纷纷落下

"秋风扫落叶"。当秋天来临之时，每次风起总是伴随着些许落叶。为什么树叶会纷纷脱落呢？这是树木为了降低水分蒸腾和减少养料消耗，以确保自己能安全过冬的自然现象。

我们知道绿叶的主要用途是吸收太阳光进行光合作用制造养料，以及蒸腾水分。蒸腾水分可以使树木调节自身温度，不致在炽热的阳光下被灼伤。通常气温越高，树木水分蒸腾得越多。秋季来临，雨水稀少，空气干燥，土壤中的含水量也随之减少，满足不了树木生长的需要。加上日照逐渐缩短，为了保证自身有充足的养分，此时树叶中会产生一种激素——脱落酸。当叶片中的脱落酸输送到叶柄的基部时，在叶柄基部会形成一层非常小而细胞壁又很薄的薄壁细胞，即离层。离层的形成会使水分不能再正常输送到叶子里。在脱落酸的作用下，离层周围会形成一个自然的断裂面。叶子由于得不到水分的正常补充，会逐渐干枯，经秋风一吹，便会落叶纷飞，甚至无风也会自己落下。

花草为什么最好不要放在卧室里?

　　花草可为我们营造一个"绿色空间",给人以美的享受,同时使室内生机勃勃,但花草最好不要放在卧室。

　　一些花草的茎、叶、花都含有毒素,如万年青的枝叶含有某种毒性,入口后直接刺激口腔黏膜,严重的还会使喉部黏膜充血、水肿。像夹竹桃若被误食,会出现呕吐、腹痛、昏迷等种种急性中毒症状。有些名贵花卉还会散发出浓郁奇香,长时间待在这样的环境中,会使人嗅觉减退,食欲下降。

　　另外,花草虽在白天能进行光合作用释放氧气,净化空气环境,但是在夜间,花草则要吸入氧气呼出二氧化碳,室内氧气便可能不足,对人体造成损害。

　　花草等可放在客厅、阳台等通风好的地方,这样既美化环境,也不会对人体健康造成损伤。

▼ 夹竹桃虽然美丽,但含有一定的毒素,不适合在室内养殖

小生活中的大学问

为什么豆腐冰冻后"千疮百孔"？

　　白白嫩嫩的鲜豆腐在冷冻之后就变得"千疮百孔"，内部充满了无数的小孔，这些小孔大小不一，形状各异，里面都充满了水分。这是由水的特性造成的。

　　水在4℃时密度最大，体积最小；在0℃时可结成冰，变成固体，其体积比液体时要增大1/10左右。豆腐被冷冻后，里面的水分就结成了冰，原来细密的小孔就被冰撑大了。当冰融化成水从豆腐里跑掉以后，这些被撑大的孔洞却不会变小，整块豆腐就像网络形状的泡沫塑料一样。冷冻过的豆腐样貌虽不佳，但富有弹性，且能浸入汤汁，冻豆腐吃起来味道就很美了。

▼ 豆腐冷冻后里面的小孔会被撑大

为什么锅中的水烧开不会溢出来，粥烧开会溢出来呢？

同样多的水和粥分别在锅中烧开，若不掀开锅盖，水开后不会溢出来，但粥烧开后却会溢出来，这是为什么呢？

水烧开时，水蒸气泡升到水面，就立即爆破，不会积聚起来，水面的高度不会升高太多，水就不会溢出来。

玉米粥或大米粥烧开时，其中的淀粉和水混合变成糊状，增大了粥的黏性，水蒸气泡不易爆破，一直积聚在粥面上，越堆越高，就会把锅盖掀开溢出来。因此，当粥烧开之后，可将锅盖掀开一点，这样粥就不会溢出来了。

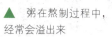
▲ 粥在熬制过程中，经常会溢出来

为什么煮食物并不是火越旺煮得越快？

在煮食物时，多数都是大火烧开，然后小火熬煮，这是因为煮食物并不是火越旺煮得越快。因为水沸腾后温度不变，即使加大火力，也不能提高水温，只能加快水的汽化，使锅内水蒸发变干。因此，熬煮食物时大火烧开后，用小火保持水沸腾就可以了。

小生活中的大学问

为什么油炸食物时溅入水滴会发出"叭叭"的响声?

油炸食物时,热油锅中若溅入水滴会听到"叭叭"的响声,并溅出油来。这是因为水的沸点低于油的沸点(食用油的沸点一般都在200℃以上,水的沸点为100℃),水的密度又比油大,溅到油中的水滴沉到油底迅速升温沸腾,产生的气泡上升到油面破裂,就发出了"叭叭"的响声。

为什么厨具的手柄不是金属的?

家里的厨具手柄一般都是塑料制成的,也有部分木质手柄。为什么厨具手柄不是金属的呢?这主要是因为金属导热,在做饭过程中,金属手柄温度过高会出现烫伤等危害。而塑料制品的锅铲手柄属于热固性塑料,具有耐高温、隔热、美观、手感好等特点,十分适合厨具的使用特性。

◀ 厨具手柄一般都是塑料或木制品

磨菜刀的时候要不断浇水是为什么？

磨菜刀时要不断浇水，是因为菜刀与石头摩擦做功产生热，使刀的内能增加，温度升高，刀的硬度变小，这对刀口不利。向磨刀石上加水，用水来降低磨刀时产生的热量，避免刀因过热而受损。再有，水还可以把磨削产生的金属及磨石的粉末冲去，提高磨削效率。

为什么菜刀的刀刃要薄？

菜刀作为厨房的主要用具之一，其刀刃要比刀背薄很多，这样的设计有什么科学道理吗？

我们知道任何物体承受的压强都有一个限度，超过这个限度物体就会被压坏或陷入其中。用菜刀切蔬菜等食物，要使菜刀切入物体就必须使菜刀对物体的压强大于物体表面所能承受的最大压强。在用力较小的情况下，我们可以通过减小刀口与物体的接触面积来增大菜刀对物体的压强。所以菜刀的刀刃要薄而锋利，这样切起菜来就快而省力。

为什么滚烫的砂锅放在湿地上容易破裂？

在用砂锅炖汤或熬药时，人们不会将滚烫的砂锅直接放在地上，一般都会垫一块儿干布或者其他物品，这是为什么呢？

滚烫的砂锅直接放在湿地上容易破裂，这是因为砂锅是热的不良导体，若直接放在湿地上其外壁会迅速放热收缩，但其内壁温度降低较慢，内外收缩不均匀就会出现破裂现象。

切葱时为什么会流眼泪？

大葱、洋葱营养丰富，又因为其独特的辛辣香味成为人们炒菜、佐餐的配料。但是在切大葱或洋葱时往往会使人流眼泪，这是因为洋葱等被切开时会释放出一种酶，这种酶叫作蒜胺酸酶。这种酶和洋葱中的氨基酸发生反应之后，氨基酸转化成次磺酸。次磺酸随即又自然地重新组合形成可以引起流泪的化学物质丙烷硫醛和硫氧化物。这些化学物质接触到人眼睛后，会刺激角膜上的游离神经末梢，引发泪腺流出泪水。

切洋葱时，可先将洋葱对半切开用凉水泡一下再切，就会好很多。

◀ 切开的洋葱可释放出挥发性物质使人流眼泪

为什么不锈钢不会生锈？

我们日常用的吃饭勺子、刀叉，还有炒菜的铲子等多数都是不锈钢制品，它们也确实总是光洁如新，为什么不锈钢就不会生锈呢？

不锈钢是一种合金，制作过程中人们会往铁中掺入铬、镍等成分。在用不锈钢制成薄板时，其表面会形成一层极薄而又坚固细密的稳定的富铬氧化膜（防护膜），防止氧原子渗入继续氧化，从而获得抗锈蚀能力。与此类似的是铝，在铝的表面也能形成一层氧化覆膜，所以铝也不易生锈。

但是，如果这层薄膜受到不断的破坏，空气或液体中的氧原子就会不断地析离出来，形成疏松的氧化铁，金属表面也就受到不断的锈蚀。因此在洗刷不锈钢制品或铝制品时，最好不要用去污粉等用力擦拭表面，以免破坏那层氧化膜。

▼ 我们日常吃饭用的刀叉都是不锈钢制品

小生活中的大学问

为什么水壶里会出现水垢?

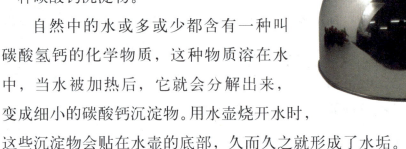

　　家庭中用的烧水壶时间久了其内壁与底层就会有一层白色的水垢,这是一种碳酸钙沉淀物。

　　自然中的水或多或少都含有一种叫碳酸氢钙的化学物质,这种物质溶在水中,当水被加热后,它就会分解出来,变成细小的碳酸钙沉淀物。用水壶烧开水时,这些沉淀物会贴在水壶的底部,久而久之就形成了水垢。

锅为什么都是圆的?

　　厨房里炒菜、煮饭的锅都是圆形的,为什么锅都是圆的呢?因为火苗冲上来被锅底挡住之后呈圆形散开,圆形锅底利于火焰从锅底蔓延到锅边,锅底均匀受热可更充分地利用火的热能。同时圆形锅不存在边角,炒菜、清洗也更为方便。

▼ 煮饭用的锅等器具多数都是圆形的

冰冻的肉为什么在水中比在空气中解冻更快？

用冰箱中的冻肉做菜时需要先解冻。这时人们会将冻肉放在凉水中解冻，与不加水相比，放在凉水中的冻肉往往解冻较快。这是因为水的热传递性比空气好。水是液态，分子之间结合紧密，从一个分子的热量传到另一个分子比较容易；空气属气态，分子间距大，传播困难。所以，冻肉在水中比在空气中化冻更快。

▲ 冰冻的肉在水中比在空气中化冻快

冰冻的肉为什么不能用开水解冻？

人们都会用凉水给冻肉解冻，为什么不用开水呢？开水温度比凉水高，是不是解冻会更快些呢？

冻肉解冻一定不能用开水。这是因为若放在热水里解冻，冻肉从热水中吸收热量，其外层迅速解冻而使温度很快升到 0℃ 以上，此时肉层之间便有了空隙，传递热的本领也就下降，使内部的冻肉不易再吸热解冻而形成硬核。

若放在凉水中，特别是接近 0℃ 的冷水最容易解冻。因为冻肉温度是在 0℃ 以下，冻肉吸热使冷水温度很快降到 0℃ 且部分水还会结冰。1 克水结成冰可放出约 335 焦耳（80 卡）的热量，这样冻肉就能迅速吸收热量。又因为温度相近，其内层也容易吸收热量，这样整块肉的温度也就较快升到 0℃，解冻就更快些。

小生活中的大学问

为什么蒸馒头时，放在最上边屉里的先熟？

在蒸馒头的时候，若上下有 2～3 屉，往往放在最上边的一屉馒头先熟，这是为什么呢？

水烧开之后，就变成滚热的水蒸气，水蒸气比空气轻就往上面跑，这样最上面的馒头最先接触到温度高的蒸汽，接触时间也最长，所以总是最上边的馒头先熟。

◀ 蒸馒头时放在最上边的一屉先熟

为什么水蒸气造成的烫伤比热水更严重？

在烧水或煮食物时，若被喷出的水蒸气烫伤，红红的一片感觉比被热水、热汤烫伤更疼。这是因为水蒸气碰到人体后会液化，变成同温度的水后，水再继续向人体放热，对人体造成二次烫伤；而水放热后，温度随之降低，等到与人体温度相同时，即停止放热。因此，水蒸气造成的烫伤比热水严重。

为什么不能喝生水？

　　生水一般指未经烧开的水。由于生水里有细菌和寄生虫卵，喝进肚子里，就会拉肚子、肚子疼，对健康造成损害。特别是河水、井水、雨水等都没有经过消毒，更不能喝。自来水虽然经过了过滤、沉淀，加漂白粉消毒等处理，但也不可生喝。里面仍有一定的细菌，而且现在江河污染比较严重，细菌及其他有害物质很难除干净。

　　从健康角度出发，当我们口渴需要补充水分时，一定要喝消过毒的水。

▼ 自来水管中的生水不能直接喝

小生活中的大学问

为什么饼干放久了会变软，而面包则会变硬？

　　打开包装的饼干和面包放置一段时间，饼干会变软，面包则会变硬，这是怎么回事呢？原来，这跟它们本身的含水率有关。

　　面包的含水率比空气高，放久了其水分就会流失到空气中，加上面包是发酵后生产出来的，时间久了，发酵部分失去发酵作用。水分的流失和发酵作用的失效导致面包变硬。

　　饼干与面包的制作过程不同，它本身没有经过发酵，是烘烤出来的，水分被烘干了，其含水率比空气低，放久了就会吸收空气中的水分而变软。

▼ 时间久了，面包会变硬，而饼干却会变软

为什么削过皮的苹果放一段时间会变色？

当苹果削好皮或切开后放置一段时间，切口处的颜色会由浅变深，最后变成深褐色。发生色变反应主要是因为苹果中存在着酚类化合物，例如多元酚类、儿茶酚等。苹果削皮后，其中的酚类物质便在酚酶的作用下，与空气中的氧化合，产生大量的醌类物质。新生的醌类物质能使植物细胞迅速变成褐色，这种变化称为食物的酶促褐变。现实生活中这种情况不少见，像马铃薯、茄子、莲藕等去皮以后都会发生酶的褐变而导致颜色变深。

苹果变色以后，所含的维生素 C 会减少，影响营养价值。所以苹果削皮后最好就立刻食用，若需存放最好将其泡在淡盐水中。

▼ 苹果削皮后要尽快吃完，否则就会氧化变色，丢失一定的营养

为什么要少吃油炸食品?

油炸食品因鲜艳的色泽和醇香的味道,使其成为人们餐桌上的"常客",人们看到它们就会经不起诱惑。但是油炸食品对健康有一定的危害,不可过量食用。

油炸食品在加工过程中营养素损失大。由于食品在油炸过程中油温较高,食品中的营养素都会受到不同的影响,特别是水溶性维生素的损失非常大,比如大众喜爱的油饼、油条,其中的维生素 B_1 损失率接近 100%,维生素 B_2、烟酸等损失率达 50% 左右。高温同样也会破坏食物中的脂溶性维生素,如维生素 A、胡萝卜素和维生素 E。

油脂在高温下可产生反式脂肪酸。反式脂肪酸是一种可引发多种慢性疾病的元凶,它会导致人体血脂升高、血管粥样硬化等问题,是引发高血压、高血脂、冠心病、脑中风、糖尿病等多种慢性病的主要因素。且有些商贩将食用油反复使用,油脂中的不饱和脂肪酸经高温加热后所产生的聚合物——二聚体、三聚体,毒性较强。大部分油炸、烤制食品,尤其是炸薯条中含有高浓度的丙烯酰胺,俗称丙毒,是一种致癌物质。

油炸食品虽然美味,但却存在一定的健康隐患,还是少吃为妙。

◀ 为了身体健康,要少吃油炸食品

吃菠萝时为什么要蘸盐水？

金黄色的菠萝果肉汁多香甜，是很多人喜爱的美味水果。但是人们在吃菠萝的时候却要把它切成小块放在盐水里泡上一段时间，这是为什么呢？

菠萝的果肉除富含维生素 C 和糖分、有机酸外，还含有一种"菠萝酶"，这种酶能够分解蛋白质，对人的口腔黏膜和嘴唇的幼嫩表皮有刺激作用，会使我们有一种麻痛的感觉，而食盐能抑制菠萝酶的活力。因此，当我们吃鲜菠萝时，最好先用盐水泡上一段时间，这样可以抑制菠萝酶对我们口腔黏膜和嘴唇的刺激，同时也会感到菠萝更加香甜了。

少量吃菠萝有增进食欲的作用，但是过量吃对人体是有害的，会引起胃肠病。

▼ 用盐水泡过一段时间，菠萝就更加香甜了

小生活中的大学问

为什么甜食不可以多吃?

　　市场上的各种甜味糖果、糕点、饮料等,以其精美的包装和香甜的味道使人难以抗拒。甜食可润肺提神、愉悦心情,但如果摄入过量就会给健康带来隐患。

　　糖和脂肪是甜食的主要成分,其中的蔗糖能被人体较快吸收。若进食过多,人体血糖浓度就会大幅提升,而身体为了防止血糖浓度过高,就会把糖转变为脂肪。脂肪过量就会导致肥胖。甜食中的糖还会给口腔中的细菌繁殖提供温床,造成龋齿,对人的牙齿不利。

　　人吃完各种甜食,会有很强的饱腹感,这就降低了吃其他食物的食欲,长此以往将会导致营养失衡。所以,吃甜食要适量,且吃甜食后一定要刷牙,以减少对牙齿的危害。

▼ 吃甜食要适量,不可多吃

▲ 松花蛋不宜多吃

松花蛋上的松花是从哪里来的？

松花蛋与普通腌蛋的不同是其蛋白上嵌着一朵朵漂亮的松叶状结晶花纹，松花蛋就是因这些花纹而得名的。松花蛋上的松花是如何形成的呢？

原来，这些松花蛋上的松花是一场化学反应的结果。蛋白的主要化学成分是一种蛋白质，禽蛋放置时间一长，蛋白中的部分蛋白质会分解成氨基酸。氨基酸既能与酸性物质发生作用，又能与碱性物质发生作用。人们在制造松花蛋时，特意在泥巴里加入一些碱性的物质，如石灰、碳酸钾、碳酸钠等，它们能穿过蛋壳上的细孔，跑到蛋里与氨基酸化合，生成氨基酸盐。氨基酸盐就以一定几何形状结晶出来，这些结晶体就是我们看到的松花了。

松花蛋营养丰富、味道鲜美，但其碱性较大，故不宜多吃。在食用时可加点醋，醋能杀菌又能中和松花蛋的部分碱性。

小生活中的大学问

79

为什么酒可除去腥味?

在做鱼或肉类等有腥味的食物时,人们都会放料酒,若没有料酒就会放一点白酒,腥味就很小了。为什么酒可除去腥味呢?

这是因为酒中含有一定量的酒精,酒精是很好的有机溶剂。食物有腥味是因为含有三甲胺,而三甲胺能被酒精溶解,随着食物加热而与酒精一起挥发掉。所以,在烹饪一些有腥味的食物时,人们都会放一点儿白酒。

▲ 白酒

炒栗子为什么要放沙子?

糖炒栗子又甜又香,大家都喜欢吃,但在加工过程中却总将栗子与沙子放在一起炒,且沙子放得多,栗子放得少。炒栗子时为什么要放沙子呢?

因为栗子是圆的,若直接放在锅中炒,受热不均匀。挨着锅的一面可能已经熟了,但不挨着锅的一面可能还是生的;又因为受热不均,栗子很容易爆裂。将沙子与栗子一起炒,沙子比较小,可快速吸热,栗子被热沙子包裹着就可很快、很均匀地取得热量,这样栗子就很容易熟透,且不会焦煳。

为什么食物用盐腌过之后就不容易变质?

　　盐腌是保藏食品的一种方法，如腌咸鱼、咸肉等。腌制出来的食物，不仅能防腐，且保存时间较长。为什么食物用盐腌过就不容易变质呢?

　　我们知道，食物的腐败变质是由于细菌滋生引起的，而盐可以抑制细菌的活动。大部分细胞在盐含量高的环境下，由于渗透作用会失水，其目的是帮助细胞内外溶液浓度相同。失水过多，细胞就失去了活性，甚至不能存活。没有了细菌，食物也就不会腐败变质了。这是最原始、最简单的化学保存食物的方法之一。

▼ 细菌的滋生可使食物腐败变质

小生活中的大学问

为什么不宜空腹喝牛奶?

　　牛奶营养丰富，但是不宜空腹饮用。这是因为牛奶大部分是水分，会稀释胃液，影响人的消化和吸收。另外空腹时肠蠕动很快，牛奶在胃肠通过很快，存留时间很短，其营养成分往往来不及吸收，就匆忙进入大肠。因此，牛奶最好能与面包、饼干等食物同食。

为什么鸡蛋不宜多吃?

　　鸡蛋富含蛋白质、脂肪、钙、磷及维生素 A、维生素 D 等，由于鸡蛋蛋白质的组成比例非常适合人体的需要，所以是天然食品中最优质的蛋白质。鸡蛋味美、营养丰富，但不可多吃，多吃反而对健康不利。

　　由于蛋白质的体积比较大，它必须在喝足了水的情况下才能被分成一个个小颗粒进入体内。我们根据身体需要选择了其中的精华部分后，便把剩余部分废物送到肾脏，和体内多余的水分等一起形成尿液排出体外。所以，当食入大量蛋白质后，不仅会加重肾脏的工作负担，还会使体内的水分大量丢失。且大量的蛋白质若一时不能被消化，将停留在肠道内，在肠道一些细菌的作用下会发生腐败，产生一些有毒物质，对我们的健康不利。一般一天吃一个鸡蛋就足够了。

◀ 鸡蛋有营养但不宜多吃

为什么多吃蔬菜有益健康?

　　健康的身体需要多种营养物质的支撑,这些营养物质除了通过馒头、米饭和肉类获取外,还需要从蔬菜中获得。

　　蔬菜本身具有很高的营养价值,其主要营养成分是维生素和矿物质,颜色深的蔬菜,营养更为丰富,如小白菜、菠菜、韭菜等,富含维生素 B_2 、蛋白质,其营养价值比起颜色浅的蔬菜高得多。日常食用的胡萝卜、红薯等蔬菜中含有丰富的胡萝卜素,其在肝脏里可以转化成维生素 A,对改善人的视力有好处。

　　蔬菜里面还含有大量膳食纤维,被誉为"第六种营养",没有什么食物可以替代。虽说膳食纤维不会提供给身体太多营养,但是却可以增加人体排便排毒的功能,对人体健康非常有利。

▼ 多吃蔬菜有益身体健康

为什么虾和蟹煮熟后颜色会变红？

　　活的虾蟹一般呈现青黑色的外壳，在经过蒸煮加工之后，它们都变成了鲜艳的红色，这是怎么回事呢？

　　原来螃蟹身体的颜色主要是由甲壳真皮层中的色素细胞决定的。在螃蟹甲壳的真皮层中，分布着各种各样的色素细胞，不过它们大多数是青黑色的，这也是活蟹呈青色的原因。在这些色素细胞中，有一种叫虾红素的色素，该色素原为橙红色，平时它与别的色素混在一起无法呈现其本色。经过烧煮之后，大部分的色素遇到高温都破坏分解了，只有虾红素不怕热，遇到高温不会分解，反而显现出鲜艳的红色。所以，煮熟的螃蟹、大虾就变成红色的了。

　　不过，在螃蟹甲壳的真皮层中，虾红素的分布是不均匀的。其背部虾红素多就显得红一些，而螃蟹的腹部根本没有虾红素，所以就呈现白色了。

▼ 虾红素不怕高温，所以烧煮之后虾、螃蟹就呈现红色了

▲ 豆浆、豆腐是人们最常食用的豆制品

为什么豆类食品有益健康?

大豆是我国的传统食物。大豆富含蛋白质,占 40.4%,而且所含的人类必需氨基酸丰富,生物价也高,接近于牛肉。大豆中脂肪含量也高(18%),其中 80% 以上为不饱和脂肪酸,还含有维持身体健康不可少的亚油酸和延缓机体老化的维生素 E,以及预防动脉硬化的卵磷脂。大豆蛋白与动物蛋白不一样,不含胆固醇,而有豆固醇,有降低血清胆固醇、防止脑出血和动脉硬化的作用。因此,豆类食品深受人们的青睐。另外,还有用大豆制成的别具风味的五香豆腐、豆腐干、腐竹等,被人们称为"植物肉"。特别要说的是豆浆,它是预防成人肥胖的饮料。豆浆与牛奶相比,除含有牛奶的全部成分外,不饱和脂肪酸、钾、维生素 A、B 族维生素、烟酸的含量均高于牛奶。

为什么雨水多瓜果就不甜了？

夏天是瓜果丰收的季节，西瓜、甜瓜等清凉解暑的水果纷纷上市。不知你有没有这样的体会，在雨水多的季节，这些瓜果就不如雨水少的季节甜，这其中存在什么样的科学道理呢？

瓜果中除了水分之外，主要的就是糖分了，这些糖分主要通过叶片的光合作用而产生。在光照充足的情况下，叶子就能通过阳光制造出很多糖分，多余的都贮藏在瓜果里。在瓜果生长过程中，若阴天或雨水较多，没有足够的阳光，叶子就不能进行光合作用制造糖分，所以瓜果就不甜了。

▲ 雨水多的话，叶子就不能进行充分的光合作用，瓜果也就不甜了

为什么冰糕会"冒白气"？

炎炎夏日，冰糕给我们带来了凉爽。仔细观察你会发现，当冰糕刚从冰柜中拿出的时候，往往会"冒白气"。这是因为冰糕温度较低，外界温度高且空气中有许多眼睛看不到的水汽，这些水汽遇冷就会液化成雾包围在了冰糕周围，看上去就好像冰糕在"冒白气"。

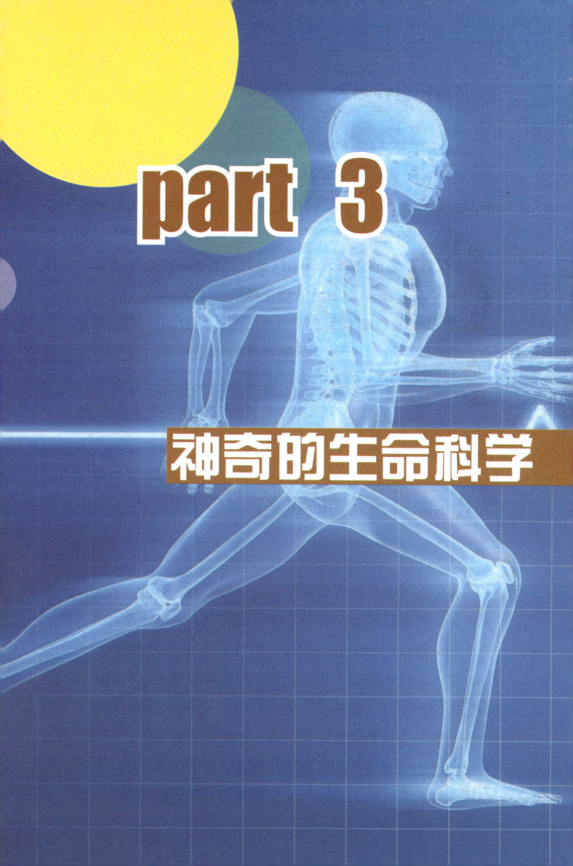

part 3

神奇的生命科学

眼泪有什么作用?

眼泪并不是哭泣才会有的,在平时泪腺会不停地制造泪水。眼泪的用处很大,眨眼的时候,眼泪就被均匀地抹在眼球上,对眼球起着湿润的作用。迎风流泪就是为了保护眼睛的角膜,使角膜始终保持湿润。眼泪还能冲刷掉眼球表面上的脏东西,当有异物进入眼睛里时,就会有大量的泪水流出,把异物冲出眼睛。

此外,眼泪还有杀菌作用。眼泪中含有溶菌酶,溶菌酶可以杀死一些细菌,是保障眼睛不被致病菌感染的重要因素。

▲ 眼泪可湿润眼球,冲出眼睛里的异物,还有杀菌作用

为什么眼睛看近处的物体容易疲劳?

人要想看清楚物体必须保持适当的距离,太远不行,太近了也不好。若眼睛较近距离地看物体更容易疲劳。这是因为人的眼睛像一架神奇的照相机,晶状体相当于凸透镜,视网膜相当于胶片,通过晶状体的调节将远近不同的物体成像在视网膜上。眼睛看近处的物体时,晶状体的焦距变小,人眼若长时间观察近处的物体,就会造成晶状体过度弯曲,眼睛就更易疲劳。所以,看近处物体时间不要过长,且隔段时间要让眼睛休息一下,闭一会儿眼睛或者看看远处,做做眼保健操也可放松眼部肌肉。

为什么多看绿色对眼睛有好处？

眼睛可使我们看到五彩的世界，若从缤纷的色彩中选出对眼睛最有益的颜色，则绿色为首选。

各种颜色对光线的吸收和反射是各不相同的，红色对光线反射是67%，黄色反射是65%，绿色反射是47%，青色只反射36%。由于红色和黄色对光线反射比较强，因此容易产生耀光而刺眼。青色和绿色对光线的吸收和反射都比较适中，所以对人体的神经系统、大脑皮层和眼睛里的视网膜组织比较适应。且绿色、青色的光线还能吸收强光中对眼睛有害的紫外线，减少强光对眼睛所产生的刺激。所以，在紧张的学习、工作之余，可眺望一下窗外的绿色树木，或者欣赏一下室内的绿色花草，都可使眼睛得到放松。

▼ 看书或工作时间长了，看看绿色植物或远处的景色可使眼睛得到休息

神奇的生命科学

89

躺着看书对眼睛有什么害处？

许多学生都喜欢躺着看书，有的成年人也喜欢睡觉前躺在床上看报纸或书，看累了，才关灯睡觉，这是一个很不好的习惯。首先，躺着看书，书本与眼睛的距离较近，手拿书本又不能持久，一会儿便累得胳膊发酸，书本与眼睛距离便越来越近，很容易造成眼睛疲劳，引起近视眼等不良后果。其次，躺着看书，两眼的视线都是斜的，时间长了容易形成散光或屈光参差（两眼度数差异过大）。

即便坐在安装了台灯或壁灯的床头看书仍对眼睛不利，因为灯光的照明度往往较暗，光线从上方照下来，书本上往往有投影，在这样的环境中看书仍会增加眼肌的疲劳。时间一长，视力就会出现问题。

▼ 躺着看书对眼睛危害大

声音特别大时，为什么最好把嘴巴张开？

人靠耳朵中的耳鼓膜振动接收外界的声音，但声音过大会对人的耳朵造成一定的伤害。

为了保护耳朵，当外界声音过大的时候，我们可以张开嘴巴。这是因为声音是靠振动传播的，巨大的声音能量很大，如果耳膜两边有较大的压强差，耳膜会受到严重伤害。张大嘴巴可以使耳膜内外压强相等（因为内部连通），就可避免对耳膜造成损伤。如果不张大嘴巴也可用双手堵住耳朵，这样声音会在接收处减弱，也可保护耳朵。

▲ 耳朵内的鼓膜振动使我们能听到外界的声音

人的嘴唇为什么是红色的？

人的嘴唇生来就呈现红色，与其他器官颜色明显不同，这红色其实是血色。嘴唇是面部皮肤与口腔内的黏膜移行（过渡）的部位，它的颜色与口腔内的黏膜是一致的，因为这里的表皮很薄，非常柔软，是透明的，因此其丰富皮下毛细血管就使嘴唇呈现红色。

一般体质好，血气旺的人嘴唇成自然的红色。贫血或气血较弱的人，嘴唇颜色就会偏白，没有健康的红色。

神奇的生命科学

为什么心脏一直在跳？

从胎儿时期心脏就开始了跳动，这种跳动要持续一生。为什么心脏可以持续跳动几十年呢？它跳动的动力来自何处？

心脏能够一刻不停地跳动，是因为人体右心房处有一种由特殊细胞构成的小结节，即窦房结。窦房结是心脏搏动的最高"司令部"，健康的窦房结具有强大的自律性，它可以自动而有节奏地产生电流，电流按传导组织的顺序传送到心脏的各部位，引起心脏的收缩和舒张，并使心脏进行有节律的周而复始的收缩和舒张活动。心脏跳动可推动血液流动，向器官、组织提供充足的血流量，以供应氧和各种营养物质，并带走代谢的终产物（如二氧化碳、尿素和尿酸等），细胞就可维持正常的代谢和功能，人就得以生存。

▼ 心脏是人体血液循环的动力

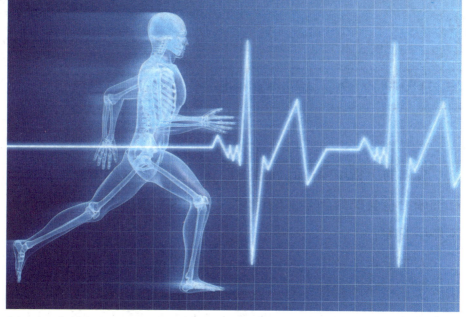

▲ 人在运动时耗能大，心脏就会加快跳动，为机体输送氧气和能量

为什么运动时心脏跳动会加快？

　　人在运动时，不仅会出汗及呼吸加快，还会出现心跳加快的现象。为什么运动时心跳会加快呢？

　　人体在运动时要比静止状态耗能大，机体能量的产生大部分是由葡萄糖被氧化产生的，人体对氧气的需求增加，呼吸就会加快，这样肺部就会吸进更多的氧气。身体的能量需要通过血液运输到全身，心跳加快就能使血液循环加速，一方面可加速氧气的吸入，另一方面可将产生的能量更快地输送到身体各处以满足机体的需求。

　　经常参加体育锻炼的人心肌发达，心脏搏动有力，心脏输出血液的量成倍地增加。其运动时的呼吸和心跳就比不经常参加体育锻炼的人要平稳，这样的心脏更能担负繁重的工作，所以平时有时间就尽量多进行体育锻炼吧。

神奇的生命科学

指甲为什么会不停地生长？

我们的手指甲隔段时间就要修剪一下，否则指甲过长就会积存细菌，也会妨碍到手部的活动。为什么手指甲不断修剪却仍然不停生长呢？

人的手指甲是由一种硬角蛋白组成的，是从表皮细胞演变出来的。在指甲的根部，有一个呈半月形的白色区域，叫作甲根，这里是指甲的生产工厂。甲根不断地制造角质蛋白细胞。角质蛋白细胞从出生到死亡，每时每刻都在进行着新陈代谢。指甲由死亡的角质蛋白细胞构成。当新的角质蛋白细胞产生时，会将指甲向外推出，所以指甲就能够不停地生长。

指甲有保护手指头的功能，使手在活动时不致碰伤柔软的尖端。正常情况下，手指甲每天大约以0.1毫米的速度生长。但是，如果出现甲外伤、营养状况不良等，指甲的生长速度会受到影响。

▼ 指甲能不停地生长

为什么剧烈运动后会肌肉酸痛？

对于平时不怎么运动的人，在剧烈运动之后就会出现肌肉酸痛的情况，有时这种酸痛会持续几天才能消失，这是怎么回事儿呢？

运动引起的肌肉酸痛分为两种情况：一种是运动后疼痛立即出现，但其消失得也快，这种疼痛叫作急性肌肉酸痛。另一种是在运动后几小时或一夜之后才出现，并伴有疲倦乏力，甚至会出现肌肉痉挛、僵硬等症状。这种肌肉疼痛消失得比较缓慢，常常 3 ~ 4 天，甚至 6 天之后才能完全恢复，这种症状则称为延迟性肌肉酸痛或运动后疲劳。一般情况我们出现的剧烈运动后的肌肉酸痛都属于延迟性肌肉酸痛。

肌肉酸痛是一种正常、积极的生理表现。人体运动需要能量，如果能量来自细胞内的有氧代谢，就是有氧运动；若能量来自无氧酵解，就是无氧运动。有氧运动时葡萄糖代谢后生成水和二氧化碳，可以通过呼吸很容易被排出体外，对人体无害。而无氧运动时葡萄糖酵解产生大量乳酸等中间代谢产物，不能通过呼吸排除，就形成了乳酸堆积，人就会出现肌肉酸痛的情况。

出现运动后的肌肉酸痛可通过适当休息来缓解，也可对酸痛部位进行按摩，使肌肉放松，促进肌肉血液循环，修复损伤及缓解痉挛。

▲ 剧烈运动后的肌肉酸痛是一种正常、积极的生理表现

神奇的生命科学

95

为什么掰指节会发出"咔嗒"声?

当我们无意中掰指节或者揉捏、拉扯其他关节时,有时能听到一种"咔嗒"声发出来。为什么掰指节会发出"咔嗒"声呢?

人体骨与骨之间连接的地方称为关节,能活动的叫"活动关节",不能活动的叫"不动关节"。这里所说的关节是指活动关节,如手指关节、肘关节、四肢关节等。人体各关节的结构十分相似,一般分为关节面、关节囊和关节腔。各骨相互接触处的光滑面叫关节面,关节面被一层软骨覆盖称关节软骨;关节囊由结缔组织组成,它附着于关节面周围的表面上;关节腔就是关节软骨和关节囊间所围成的密闭、潜在的腔隙。

人体所有的软组织包括关节的囊包在内,都含有溶解的氮气。当牵拉骨头,比如说用力弯曲手指,导致关节腔出现真空时,氮气突然从液体中跑出,进入关节腔,就会发出轻微的气泡声。很多的气泡声音合起来就成为我们能听到的"咔嗒"声。

▼ 骨与骨相连的地方就是关节

为什么耳朵最怕怜？

寒冷的冬天，人们或者戴帽子或者戴个耳套，总是想办法给耳朵保暖。在人体的各个部位中，耳朵是最怕冷的，这是因为耳朵里分布着末梢毛细血管。人体中，血液从心脏泵出后，沿着大动脉向中动脉、小动脉直至毛细血管流动，越是到毛细血管末梢里，血液越少，自然能量和热量越少。

再者，耳朵的结构当中，肌肉和脂肪组织很少，只有皮肤包裹下的软骨，热量不容易保存。还有耳朵相对于身体其他部位，体积小，相对表面积却很大，所以热量也很容易散发。本来温度就很低的耳朵再被寒风吹走一部分热量，所以总是感到十分寒冷。

▲ 帽子在寒冷的冬季可为耳朵很好地保暖

为什么人在冷的时候会发抖？

当人感到寒冷的时候身体经常会不由自主地发抖，为什么人冷的时候会发抖呢？

在寒冷中无意识的肌肉收缩是一种机体面临过度寒冷的保护性反应。肌肉的运动会导致机体温度的上升。一感到寒冷，我们通常都会通过活动肢体祛寒。如果人不愿活动，位于丘脑下部的供暖中枢会发出信号，使肌肉抖动以提高体温。一般肌肉的收缩抖动可使体表温度升 3 ～ 5℃。

神奇的生命科学

97

为什么人在发烧时会感到冷？

　　人在发烧时总会感到冷，甚至还伴随着发抖的症状，这是因为人在发烧的时候身体会产生一定的应激反应。

　　在发烧的时候，身体产生相应的变化，为了对抗病菌，下丘脑会发出信号使身体进一步发热，从而试图杀死有害病菌。其生理反应过程为：靠近皮肤的皮下血管收缩，同时其他血管舒张，让血液流向感染部位。由于血液远离了外部表层皮肤，散热减少，人就会感觉到冷。感到浑身发冷时还常常会全身发抖，那是增加肌肉活动，以增加热量及竖毛肌收缩。热量产生增多，发热少，经过一段时间体内热量积累超过平时的状态，体温就升高，这就是发烧了。等到产生的热量与发散的热量达到平衡时，皮肤血管扩张，全身肌肉松弛及大量出汗，热量才能发散出去，热度退掉，体温才能恢复正常。

▼ 人发烧时往往会感到较冷

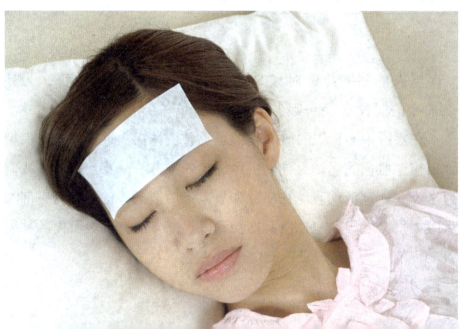

为什么洗热水澡能消除疲劳？

人们在繁重的劳动或者紧张的运动、学习之后总会感到疲乏，这时人们往往会洗个热水澡，或者在浴缸中泡澡，洗澡过后就感觉神清气爽，放松了许多。为什么洗热水澡能消除疲劳呢？

身体疲劳产生的主要原因是运动过量导致的肌肉酸痛、血液缺氧。洗热水澡能刺激毛孔扩张、加速血液循环，使肌肉得以放松。对于精神性疲劳，可采取盆浴，在温水中浸泡半个小时左右，可有效促进血液循环，增强机体的新陈代谢，从而消除身心疲劳。

另外，洗澡还可洗掉身上的汗液和排泄物，肌肤清爽松弛，人也会感觉轻松很多。

▼ 洗热水澡可以帮人消除疲劳

为什么每个人的指纹都不一样?

每个人都有自己独特的指纹,利用指纹的独特性,可进行犯罪调查和安全防护等工作。为什么指纹具有独特性呢?

指纹是一种奇异的成螺旋状的纹路,同一个人手上的指纹也是各不相同,这些纹路的形成是遗传和环境这两个因素相结合产生的。DNA 中的遗传代码在胎儿的形成阶段就发出了皮肤如何生成的总体"命令",但是其具体细微之处的形成则是一种随机事件。胎儿特定时期,在子宫中的特定位置,以及周围羊水的密度和其他物质,决定了每一个个体纹路的不同。外界环境如天气状况等,也会影响到指纹的形成。由于指纹的形成过程是非常无序的,即便是同卵双胞胎,其指纹也存在着一定的差别。因此,指纹可以作为一个人的特殊标记。

◀ 指纹是每个人的特殊标记

为什么人的身高在早上高、晚上矮？

成年人的骨骼已经生长发育成熟，身高一般是恒定不变的，但是在一天中的不同时间测量，结果是不一样的，你会发现早晨起床时的身高要比夜里入睡前高 2.5 厘米左右。为什么人在一天中的身高会不同呢？

人的身高是由头颅、脊柱、骨盆和下肢这四部分的长度组成，而这些部分又通过关节和韧带相连接。与人体一天中身高变化关系最为密切的要数脊柱。脊柱

▲ 人体脊椎结构图

是人体的中轴，由 24 个椎骨、一个骶骨、一个尾骨，依靠韧带、椎间盘及椎间关节连接而成。脊椎骨间相连的 23 个椎间盘的变化对人一天的身高影响最大。

椎间盘由透明软骨板、纤维环和髓核构成。特别是髓核，被嵌在相邻椎体的软骨板之间，是半透明乳白色的胶状物质，富有弹性，含水分 80% ~ 85%。髓核有一定的渗透能力，白天工作及身体上部的体重压力，可使髓核内所含的液体经过软骨板被驱出外渗，因此脊柱会相对缩短一些，晚上量身高就会矮一些。

夜里睡觉，这种压力消失，液体又由椎体松质骨经软骨板渗进髓核并使它充满，脊柱就会变得稍稍长一些。因此，早上身高相对高一些。

神奇的生命科学

为什么人会打哈欠?

人在劳累、发困的时候都会打哈欠,打完哈欠似乎就舒服一些,这是为什么呢?

人学习、工作的时间长了,身体和脑子都很疲惫,大脑的抑制过程开始战胜兴奋过程。这时身体的某些部分进入抑制状态,而呼吸器官首当其冲。由于血管中积蓄了二氧化碳和新陈代谢的其他废物,呼吸也开始减慢并变得更加深沉了。

当二氧化碳过多时,必须再增加氧气来平衡体内所需,身体发出的保护性反应就是打哈欠。打哈欠是一种深呼吸动作,它会让我们比平常更多地吸进氧气和排出二氧化碳,所以能使人消除一部分疲劳。

如果你身边的人与你处于同一状态,只是体内二氧化碳浓度不高,吸收了你排出在空气中的高浓度二氧化碳后,同样也达到了体内大量二氧化碳需要一次性排出的状况(打哈欠),他们也会打哈欠,打哈欠也就出现了"传染"的情况。

◀ 打哈欠是人体的一种保护性反应

打哈欠时，为什么会流眼泪？

人在打哈欠的时候不仅会听不清外界的声音，还会流眼泪。打完哈欠后人们都会不自主地抹一下眼睛。这种现象主要是因为鼻腔内压力升高使泪囊内的泪液回流至眼球表面引起的。

在平时眼泪都在不断地缓慢分泌，它覆盖在眼球的表面，有清洁及湿润的功能；加上眨眼的动作，可将眼球表面沾染的异物清除。泪液产生以后，由一个完整的排泄系统进入鼻腔而排出，而不滞留在眼球表面。这个排水系统由上、下眼皮鼻侧的泪孔，下接泪小管滤囊、鼻泪管所构成。平时，眼泪都是通过这套系统流到鼻子中后排出，人在大哭的时候，大量的泪水便从眼睛流到鼻子，因此会出现"涕泪横流"的现象。当这套排泄系统阻塞时，即使不悲伤人也会流泪的。

打哈欠时，人为什么听不清声音？

人在困倦或疲劳的时候往往会打哈欠，在打哈欠时我们就听不到或听不清外界的声音，这是怎么回事儿呢？

原来，在人的咽喉部有一条小管，叫咽鼓管。咽鼓管与中耳和咽腔连接，它能保持中耳的空气压力与外界空气压力平衡，使鼓膜正常振动。人在打哈欠时，往往先深吸气，然后猛烈呼气，此时中耳内气流会发生强烈变化，耳内气压增高，鼓膜外凸，引起听小骨与鼓膜之间传导声波出现障碍，耳膜不能正常振动，咽鼓管失去平衡作用，所以耳朵也就听不清声音了。

神奇的生命科学

103

为什么要尽量用鼻子呼吸，而不用嘴？

鼻子是呼吸系统的重要器官，在平时或在锻炼的时候都应该养成用鼻子呼吸的习惯，尽量不要用嘴呼吸。

这是因为鼻腔中有鼻毛和黏液，可以拦截、吸附大量灰尘、细菌，从而保护肺部的健康。而嘴是消化系统的起始部位，如果用嘴呼吸，口腔是开启的，很多细菌灰尘不能被拦截而直接被吸入到肺中；冬天更会使冷空气直接进入肺部，对肺产生强烈刺激，会引起不良后果。为了身体健康，平时要尽量用鼻呼吸。若剧烈运动时，由于对氧气的需求量增大，则可采取鼻、嘴一齐呼吸的方法，但注意嘴不要张得太大，以防冷空气吸入太多，对肺造成刺激。

▼ 人体呼吸系统

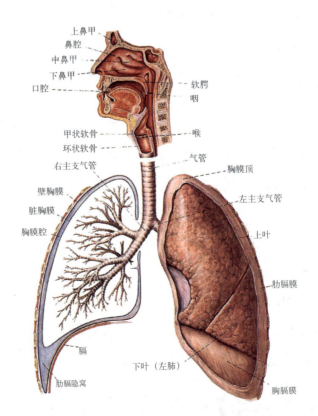

夏天为什么会长痱子？

夏天天热，人身上出汗多。有的人身体和皮肤抵抗力较差，如果不经常洗澡，汗水不能顺畅排出，有时就会长痱子，痒热难耐。

痱子是夏天最多见的皮肤急性炎症。夏季气温高，湿度大，身体出汗过多，不易蒸发，汗液浸渍表皮角质层，致汗腺导管口闭塞，汗腺导管内压升高导致其发生破裂，汗液就会渗入周围组织。汗液中含有氯化钠等无机盐，汗水蒸发后留下的盐会刺激皮肤，使周围组织发炎，表现为皮肤出痱子。

生了痱子不要用手抓，也不要用强碱性肥皂洗，更不要用热水烫，可用温水冲洗擦干，扑撒痱子粉，连续几日即可痊愈。

▼ 夏季，婴幼儿最易生痱子，常洗澡可降低痱子的发生率

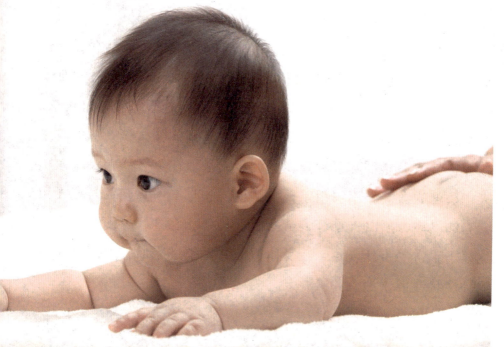

神奇的生命科学

感冒了为什么闻不出味来?

感冒之后往往头昏、鼻塞,还经常会嗅觉失灵,闻不出味道。为什么感冒之后就会闻不出味来呢?

人感冒之后,鼻黏膜会充血肿胀,有时把鼻子堵住出不来气,鼻子闻到的气味就会减少。而且鼻黏膜充血肿胀以后,鼻涕也会增加,这些鼻涕盖在鼻黏膜上,将鼻黏膜与空气隔开,挡住了气味对嗅觉细胞的刺激。所以,人感冒了以后,就闻不出味来了。

▲ 感冒后往往会出现鼻塞、流鼻涕等症状

为什么蹲久了站起来会感到头晕?

日常生活中很多人都曾出现过这样的情况:久蹲站立会感到头晕。这主要是人在蹲着的时候,下肢呈屈曲状态,下肢的血管受到挤压,血液不容易往下肢流动,下肢就会处于轻微缺血状态,时间长了还会感觉麻木。久蹲后突然站起,下肢血管一下子恢复畅通,就像猛然打开了闸门,血液会大量地往下肢涌去。这样一来,头部的血液就不够用了,大脑也就一时得不到充足的氧气和营养的供应,所以大部分人就会出现头晕、心跳、黑视等症状。这属于正常的生理现象,在身体适应并调整过来后,大部分人的这种症状会很快消失。

转圈儿为什么会头晕？

舞蹈演员高速旋转使人欣赏到了运动之美，但是没有经过专业训练的人在快速转圈之后会头晕，甚至有的人会出现呕吐等剧烈反应。为什么转圈儿就会头晕呢？

人的内耳中有一种专门管理身体平衡的前庭器官。人在转圈时，由于旋转和转体所产生的角加速度，过分地刺激了前庭器官。前庭器官把这种角加速度的强烈刺激变成了非常频繁的神经冲动，传到大脑皮质的有关中枢，就会引起头晕的感觉。大脑中管理平衡的中枢还会向植物神经系统发出神经冲动，引起所支配的内脏，如心脏、血管、肠胃等器官出现异常的机能变化，产生恶心、呕吐等。

其实，在一定范围内，大脑皮质神经细胞对于角加速度的刺激有一定的适应能力。但是，当连续转圈时，由于角加速度对前庭器官的刺激过于强烈和频繁，人才会出现头晕、呕吐等不良反应。一些舞蹈演员、运动员因为加强了这方面的专业训练，其前庭器官能经受住刺激，就不存在头晕的现象。

▼ 芭蕾舞演员都经过专业训练，她们在高速旋转后就不存在头晕现象

神奇的生命科学

舌头为什么能尝出味道来?

　　人吃到各种食物就会说出食物的味道,酸甜苦辣都躲不过舌头的品尝。为什么舌头就能尝出味道呢?这是因为舌头上有"味蕾"。

　　味蕾是味觉的感受器,它们各有各的任务,有的管咸味,有的管甜味,有的管酸味,有的管苦味等。在感受到食物味道的刺激后,它们就会把这些信息通过神经传入大脑,使人产生味觉。

　　人对甜味食品最敏感的地方是舌尖,对苦味最敏感的是舌根,对酸味最敏感的是舌两侧的后半部分,对咸味最敏感的是舌两侧的前半部分和舌尖。知道了酸甜苦辣的敏感区,在吃苦药的时候若避开这些区域,就会感觉苦药不那么苦了。

▼ 舌头可以让我们感受到食物的酸甜苦辣

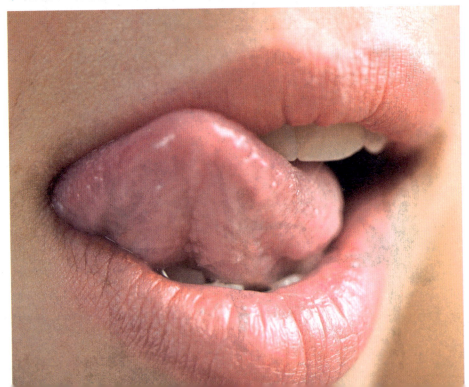

▲ 细嚼慢咽不仅有助于消化，还有助于牙齿健康

吃饭太快了为什么不好？

　　从健康角度来讲，吃饭要细嚼慢咽，吃饭太快对身体不好。这是因为细嚼慢咽能充分诱发唾液，唾液里的蛋白质进到胃里以后，可以在胃里发生反应，生成一种蛋白膜，对胃起到保护作用。所以，吃饭细嚼慢咽的人，一般不易得消化道溃疡病。

　　人在吃饭开始的 20 分钟后，大脑才会接收到吃饱的信号，如果吃饭太快，即使已经吃了很多，大脑却来不及发出吃饱的信号，还没有饱的感觉，人就会继续吃且越吃越多，就会造成饮食过量。等到 20 分钟左右确实感觉到饱的时候，其实已经吃多了，这会给肠胃造成很大的负担，且食物不容易被充分消化。长期的消化不良，容易导致胃病。

　　如果食物在口腔内细细咀嚼，不仅对口腔软组织尤其是对牙床具有良好的按摩刺激作用，促进表面角质变化，加速血液循环，提高牙龈的抗病能力，而且对牙齿本身还能起到良好的"清扫自洁"的作用。如果吃饭太快，就起不到对牙齿的保健作用。

神奇的生命科学

▲ 吃盐也是满足身体的需求

人为什么必须吃盐?

　　人每天都要吃饭喝水,吃饭的时候菜中都要放一点盐,如果人长期不吃盐就会食欲不振、全身乏力。为什么人必须吃盐呢?

　　吃盐不仅是为了调味,也是我们身体的需要。盐是由钠和氯合成的,它们是使细胞外的水分与溶解物质保持平衡的主要调节者。钠离子、氯离子与细胞内液中的钾等共同调整细胞与血液之间的容量、渗透压和酸碱平衡,维持细胞的正常结构和功能。如果长期不吃盐,体内缺钠就会影响细胞对氨基酸和糖的吸收,减少胃液分泌,引起生理功能紊乱,出现肌肉酸痛、周身乏力、精神萎靡、食欲不振、呕吐等症状。

　　人必须吃盐,但是每日进食盐量不可过多,一般5克左右即可。

咳嗽对人体有什么好处?

人在感冒发烧或者有其他病症时往往伴随着咳嗽,咳嗽并不是身体的消极反应,相反这是呼吸系统的一种保护性反射。

当呼吸道及肺内受到某种病原微生物感染后,气道黏膜分泌痰的功能就会增强,痰液量增加。这时,咳嗽是机体积极应对疾病的表现。通过咳嗽可以咳出下呼吸道的痰,痰中可带出一定量的病原微生物及炎性因子,从而减轻了致病因素对呼吸道的侵害,有利于疾病的治疗。在这种情况下,咳嗽是人类身体的快速"消炎"法。如果一咳嗽就用止咳药物,就会把加重炎症的有害物质潴留在呼吸道里,不利于炎症的消除。

当然,如果咳嗽主要是由气道黏膜充血、水肿引发,或由于长期咳嗽刺激,使咳嗽中枢持久处于高度兴奋状态,这时的咳嗽就不是具有保护作用的反射动作了,就要及时吃些止咳药物,以治愈咳嗽。

▲ 咳嗽是身体对抗疾病的一种表现

神奇的生命科学

人为什么会起鸡皮疙瘩？

在感到寒冷或者害怕时，皮肤的毛孔会很快紧缩，在皮肤表面会形成一层小疙瘩，由于与鸡皮上的疙瘩很相似，所以称为"鸡皮疙瘩"。是什么原因导致人会起鸡皮疙瘩呢？

皮肤专家指出，起鸡皮疙瘩是恒温动物为保存一定体温而特有的生理现象。当大脑感知到寒冷、紧张或恐怖时，对交感神经产生作用，牵动体毛的立毛筋收缩，从而导致鸡皮疙瘩出现。立毛筋位于体毛根部附近，它一收缩，平时横着的体毛就竖立起来，毛发根部周边隆起，就形成了鸡皮疙瘩。起鸡皮疙瘩除了肌肉收缩产生热量，毛孔被关闭也可起到御寒的效果。

为什么打了麻药就不会感到疼痛？

手术时，打了麻药我们就不会感觉到疼痛，即便是局部麻醉，我们可以听到手术器械的碰撞声，感觉到皮肤被切割，却不感到疼痛。为什么打了麻药人就不会感到疼痛呢？

注射麻药，就是利用麻药中的化学药物阻止神经将疼痛讯息传送到中枢神经系统的痛觉中枢，这样人就没有了痛感。过一段时间后，麻药被流动的液体带到别处去而失效，人的感觉就慢慢地恢复了。

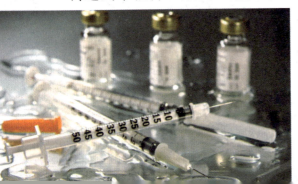

◀ 麻醉药品和注射器

为什么人害羞时会脸红？

　　人在面对陌生人、受到表扬或称赞、做错事、遇到尴尬事等情况下，都会感到害羞，害羞时我们会坐立不安，心跳加速，同时还伴有脸红的现象。为什么人害羞就会脸红呢？

　　大脑是人体的"司令部"，视觉、听觉神经都受大脑的指挥。当我们看到和听到使我们害羞的事情时，眼睛和耳朵就立即把消息传给了大脑皮质。大脑皮质除和有关的部位联系外，同时刺激着肾上腺，肾上腺一受刺激，立刻做出相应的反应，分泌出肾上腺素。肾上腺素在少量分泌的时候能够使血管扩张，特别是脸部的皮下小血管。血管扩张，流到脸上的血液增多了，脸就会变得红红的。

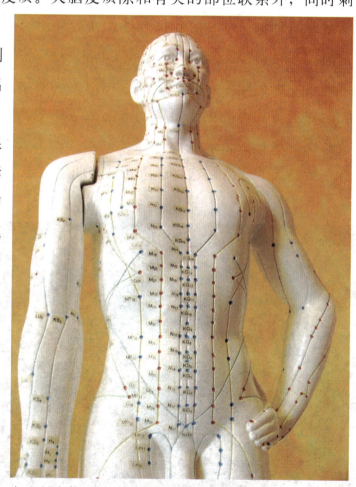

▲ 大脑指挥着人体的视觉、听觉神经

为什么吃辣的食物会出汗?

辣椒、葱等有辣味的蔬菜,吃着很过瘾,可增加人的食欲,但有时却会辣得身上出汗。

这是因为辛辣味具有行气活血的作用,辛辣之物对血管有兴奋作用,可使血管扩张,血液循环加快,汗毛孔张开,促进汗液排出。

辛辣之物多数含有刺激性的挥发性物质,这些物质不但刺激味蕾,同时也通过鼻腔和口腔的相接处刺激鼻腔里的感觉神经末梢,人的嘴唇就会有麻的感觉。同时这些物质还会刺激眼睛,泪腺为了保护眼睛而分泌泪液,泪液太多的话会顺着眼睛和鼻腔的通道流到鼻腔内。所以当人吃太辣的东西时,还会流泪、流鼻涕。这种现象,并不是在每个人身上都表现得很突出,只有在敏感人的身上,这种现象才会很明显。

▼ 辛辣之物对血管有兴奋作用,可使血液循环加快

▲ 儿童时期，男孩、女孩的声音都很清脆

为什么男人和女人的声音不一样？

　　在儿童时期，男孩、女孩的声音都很清脆，但进入青春期男孩开始变声，成年男女的声音明显不一样。男、女声音的不同主要是由声带的变化导致的。

　　人在儿童时期，男孩和女孩的声带几乎一样长，所以发出的声音听起来差不多。到了十二三岁以后，男孩的喉结增大，声带变得比较长，声音就逐渐变粗了，女孩的声带仍然又短又窄，发出的声音高而尖，男人和女人的声音差别就越来越明显了。

神奇的生命科学

为什么人的皮肤受伤后会留下疤痕？

人的皮肤受伤出血后往往会留下疤痕。如果损伤在表皮，疤痕就会逐渐消失；若损伤较深，往往会留下一道消不去的疤痕。为什么皮肤受伤后会留下疤痕呢？

疤痕是皮肤修补的痕迹，其颜色看上去比较红润，稍高于原来皮肤表面，而且也比周围的皮肤硬。当人的皮肤受到伤害后，伤口深处的纤维细胞会非常活跃，它们结成具有高度韧性的胶原纤维，将断裂的皮肤组织紧紧地连接在一起。在皮肤表面，表皮细胞不断增生，覆盖在伤口表面，伤口便很快可以愈合。

伤口愈合后修补的痕迹不会立刻消退，愈合初期人会觉得痛痒不适。随着时间推移，痛痒的感觉就会逐渐消失，疤痕由红硬状态转变为淡褐色的柔软组织，而且比以前更平坦。如果疤痕不是很大，经过一段时间，在皮肤的不断自我修复下，疤痕最终会逐渐变淡，甚至消失。

▼ 小小的创伤也会使皮肤留下疤痕，但小疤痕在皮肤的自我修复下可变淡甚至消失

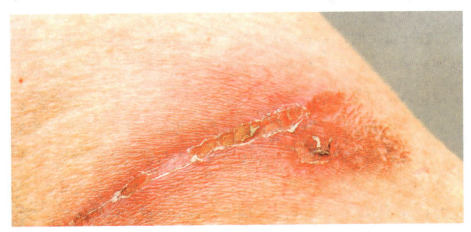

为什么伤口碰到咸的东西特别痛？

往伤口上撒盐会使人很受伤，为什么伤口碰到咸的东西人会感觉特别痛？这是因为水分是从浓度低的地方向浓度高的地方渗透的。伤口处没有皮肤保护，是直接暴露的组织，人体的盐分浓度是0.9%，当有盐进入人体细胞组织，细胞内的水分会大量被盐"吸"走，伤口表面的细胞大量死亡，所以人就会觉得特别疼痛。

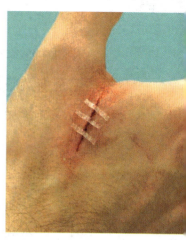

▲ 当皮肤出现伤口一定要好好保护

为什么被别人搔挠就痒而难耐？

当别人搔自己时，我们会觉得身痒难耐，而且不断大笑。可是，当自己挠自己的时候，我们不但不会大笑，而且更不会感到很痒。为什么自己挠自己的时候却没有感觉呢？

从遗传学上来讲，"痒痒"是一种应对敌对行为的神经紧张现象，平常这些地方都属于"非暴露区"，受到抓搔刺激的机会很少，加上这些部位的皮肤感受器又比较丰富，因此当被别人搔挠时，大脑会对外来刺激立刻做出反应，人就会觉得特别痒了。而当自己给自己搔痒时，即使碰到了敏感区，由于思想上已有准备，大脑对痒的兴奋刺激已经降低；当大脑觉得自己在"戏弄"自己，就不感觉到害怕，大脑也就不会发出防范信号，因此人就不感觉到痒了。用不着防范和"害怕"时，就感觉不到痒了。

神奇的生命科学

眉毛和眼睫毛有什么作用？

人们在形容一个人比较好看的时候，常说"浓眉大眼"，可见眉毛是衡量眼睛美观的重要尺度。长长的眼睫毛对眼睛也起到很好的修饰作用，但是眉毛和眼睫毛最重要的却是对眼睛的保护作用。

眉毛和眼睫毛共同构成眼睛的第一道防线。它们能挡住空中落下的灰尘和小虫，不让灰尘和小虫碰伤眼睛。有汗或雨水落到脸上时，汗水和雨水会顺着眉毛和眼睫毛流下来，而不会进入眼睛中。

眼睫毛还是人身上最敏感的触觉部分，只要有任何细微的东西碰到它，它就会迅速反映到大脑，让眼皮快速地合并保护眼球。同时眼睫毛还可以减少过强的光线进入眼内，以保护眼睛。

▼ 眉毛和眼睫毛是保护眼睛的一道防线

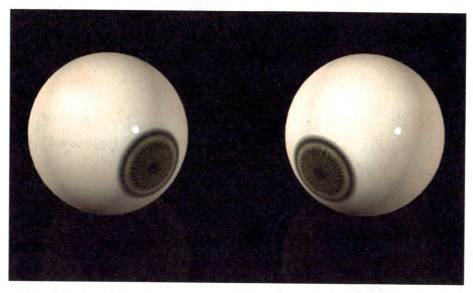

▲ 人眼模型

眼屎是从哪里来的？

经过一夜睡眠，早上醒来，我们的眼角处多少有一些眼屎，特别是在身体上火有炎症时，眼屎较多且干燥。这些眼屎是从哪里来的呢？

在我们的眼皮里有一块像软骨一样的东西叫作"睑板"，在睑板里整齐有序地排列着许多睑板腺，腺口在眼皮边缘、靠近眼睫毛的地方，睑板腺会一刻不停地分泌一种像油脂一样的液体。白天这些油脂借眨眼的动作涂在了眼皮的边缘上，对眼睛起着保护作用，对内防止起润滑作用的眼泪流出眼外，对外又可防止汗水进入眼内。可是，在人睡着的时候，眼睛连续闭着很长时间，而油脂仍然在分泌中，这样积累起来的油脂和白天进入眼睛里的灰尘及泪水中的杂质混在一起，跑到眼角那里就形成了眼屎。

神奇的生命科学

为什么婴儿刚出生时会哭个不停?

人们往往用"呱呱坠地"来形容婴儿出生的那一刻,为什么婴儿一出生都会哇哇大哭呢?这是因为他们正在大口地呼吸着第一口空气。

婴儿在母体内通过脐带得到氧气,送走二氧化碳,不用自己呼吸,但从母体出来后,脱离开羊水和脐带就需要自己用肺呼吸了。他们吸进的第一口空气会冲到喉部去,这会猛烈地冲击声带,令声带震动,然后发出类似哭叫的声音。

▲ 哭声是婴儿来到这个世界上的第一语言

为什么肚子饿了会咕咕叫?

每当我们激烈运动后,或者过了吃饭时间还没能吃饭就会感觉肚子很饿,饿得厉害时,肚子就会发出"咕噜咕噜"的声音。为什么肚子饿了就会咕咕叫呢?

这是因为之前吃进的食物快消化完了,胃里空空的,但胃中的胃液仍会继续分泌。这时候胃的收缩便会逐渐扩大,在胃的激烈收缩下,胃中的液体和气体便被挤压得东跑西窜,从而发出声音。

为什么人感到紧张时总想上厕所？

许多人在考试前或参加体育比赛前，都会感到心跳加快、呼吸急促、出汗增多，甚至总想上厕所。这是一种心理紧张时的生理反应。

人在紧张的时候总想上厕所是因为身体的神经系统在紧张的情况下出现了不协调，变得过分活泼造成的。人体中的交感神经与副交感神经本来是默契十足的搭档，当身体处在活动状态中，交感神经便使肌肉有力、心脏活跃，这样身体就活力十足。当身体处在休息状态时，就由副交感神经工作，让交感神经休息。但是在人感觉紧张的时候，交感神经与副交感神经都呈现出兴奋状态，于是身体各种机能都被催促着工作。心跳加快了，呼吸变得急促，排泄、消化器官也马不停蹄地运作，因此，没有多久大脑就感觉到尿意了。

出现这种情况最好的应对方法是转移过分紧张的心理状态和焦虑情绪，想上厕所的感觉自然就会消失。

▼ 神经细胞

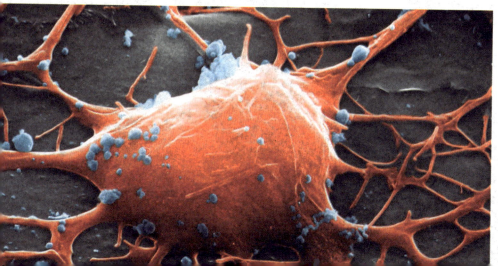

神奇的生命科学

为什么晒太阳时间长了皮肤会变黑？

　　人在经过一夏天的时间后会变得比春天黑许多，即便每天涂上防晒霜，也会变黑。如果在户外晒太阳时间过长，皮肤会变得更黑。为什么晒太阳时间长了皮肤会变黑呢？这是因为阳光中的紫外线比较强烈，会导致黑色素增加，皮肤就变黑了。

　　在皮肤基底层的基底细胞间有一种叫麦拉宁黑色素的细胞，它可以产生黑色素颗粒，并将这些颗粒向皮肤表层细胞输送。皮肤中的黑色素含量高，皮肤色泽就呈现黑黄，反之皮肤则白皙。长时间晒太阳，紫外线会较多进入皮肤刺激基底层，使色素母细胞分泌麦拉宁色素，浮到表皮，皮肤颜色就会变黑。而当多余的黑色素聚集起来，皮肤内被污物阻塞，黑色素无法正常代谢排出，就会形成黑斑、雀斑。

　　为了防止皮肤晒黑，就不要长时间晒太阳，平时也要做好充足的防晒措施。

▼ 长期接受日光照射，人的皮肤就会变黑

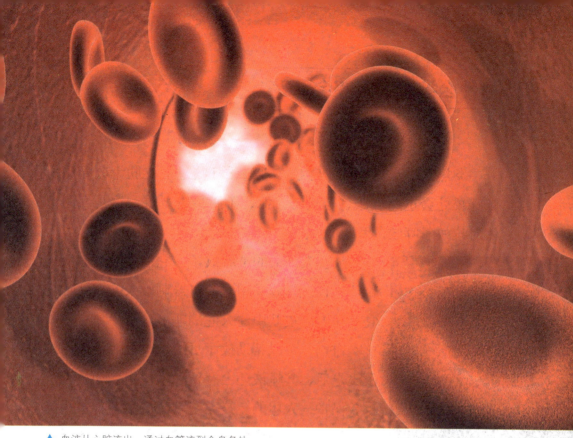

▲ 血液从心脏流出，通过血管流到全身各处

为什么人失血过多会死亡？

　　不小心划破皮肤就会流血，如果人体受到重创，有时会因失血过多出现生命危险。为什么人失血过多就会死亡呢？

　　因为血液是人体内部氧气和营养成分的流动载体，失血过多时，人体得到的氧气和营养成分就会不足，机体会出现缺氧的症状。而氧气如同食物和水，是人体代谢活动的关键物质，是生命活动的第一需要。人的生存必须依赖氧气，尤其是人的大脑，最不能缺氧。大脑长时间缺氧会造成不可逆转的损害，甚至造成死亡的严重后果。

神奇的生命科学

好玩的科学

为什么被蚊子叮咬会痒?

炎热夏季难免被蚊子叮咬,被蚊子叮咬过后皮肤十分痒痛,且叮咬处会迅速肿胀,若用力搔抓,肿胀会更严重。这是人的身体对抗蚊子叮咬的积极反应。

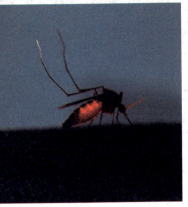

▲ 雌蚊依靠吸食人的血液繁殖后代

吸食人血液的是雌蚊子,它们靠吸食血液来繁殖后代。当蚊子用它的口器刺破人的皮肤时,它会向人的皮肤中注入它的唾液,其中含有一种抗凝血剂,可以帮助蚊子更快地吸取血液。当蚊子飞走后,其唾液还会存留在人体中,为了进行自我保护,人体的免疫系统就会产生各种不同抗体对抗蚊子唾液中的抗原,接着免疫系统还会释放一种名为组织胺的蛋白质。组织胺是一种会引起皮肤发炎的氮化合物,会对抗"入侵者",这样在叮咬处就会形成一个淡红色、瘙痒的肿块。如果进行搔抓,免疫系统就认为需要更多的抗体来消除外来的抗原,抓得越狠,肿得就越严重。

为什么饭后不宜立即干活?

吃饱喝足了,人就会感觉精力充沛,但是吃完饭后即便精神十足,最好也要过上半个小时左右再进行体力劳动。

因为进餐后,胃肠道的血管扩张,流向胃肠器官的血液增多,这是为了利于食物的消化和吸收。若餐后立即开始体力劳动,就会迫使血液去满足运动器官的需要，造成胃肠道供血不足，消化液分泌减少，时间长了就会引起消化不良和慢性胃肠炎等疾病。

其次，餐后胃中充满食物，干活时容易发生震动、牵拉肠系膜，会引起腹部不适、腹痛、胃下垂等。因此，饭后不宜立即进行体力劳动，最好休息半个小时左右后再干活儿。

为什么饭后不宜放松裤带？

很多人吃饭过量后感觉胃部撑、胀，常常放松裤带，觉得这样胃部压力小了很多，人就觉得舒服了不少。其实，饭后放松裤带反而对胃部健康不利。

因为进食后，胃中食物增多，若将裤带松开，腹腔内压下降，消化器官的活动度和韧带的负荷量增加，此时容易发生肠扭转，引起肠梗阻，还容易引起胃下垂，出现上腹部不适等消化系统疾病。

▼ 用餐后，休息半小时左右再干活儿

运动后为什么食欲好？

　　进行体育锻炼或者体力劳动后，人就会食欲大增，比不运动吃得多。这是因为运动时，呼吸加深，膈肌大幅度地上下移动和腹肌的前后运动，使胃肠得到了按摩，有助于消化。同时，锻炼时体内的消耗增加了，代谢加快了，这样要求消化器官加紧工作，更好地从食物中吸取养料，来满足人体的需要。所以，运动后食欲就会比平时好。

▼ 运动要消耗更多的能量，同时也有助于胃中食物的消化

晚上为什么不要开着灯睡觉？

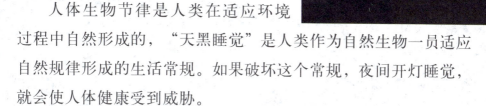

夜晚黑暗来临，人们结束一天的忙碌也进入休息时间。拉上窗帘，关闭电灯，人们就在黑暗中进入梦乡了。为什么晚上要关灯睡觉，而不能开灯睡觉呢？

人体生物节律是人类在适应环境过程中自然形成的，"天黑睡觉"是人类作为自然生物一员适应自然规律形成的生活常规。如果破坏这个常规，夜间开灯睡觉，就会使人体健康受到威胁。

这是因为人体本身就对光线敏感，身体皮肤在接收光线照射下会加快新陈代谢。研究证实，经常开灯睡觉会抑制人体内褪黑激素的分泌，使人体的各种免疫功能有所下降。因为褪黑激素在夜晚人们进入睡眠状态时才开始分泌，它可以抑制人体交感神经的兴奋性，使血压下降，心跳速度减慢，从而使心脏得以喘息，增强机体的免疫力，消除白天工作和学习所带来的身体和大脑的疲劳，甚至还能够杀灭癌细胞。如果经常开灯睡觉，褪黑激素分泌受到抑制，就会削弱其对人体的保护作用，这时人体患病的概率就会大大增加。

开灯睡觉对儿童更为不利，床头的灯光不仅会影响孩子的睡眠质量，而且会影响他们的视力发育。长期暴露在灯光下睡觉，光线对眼睛的刺激会持续不断，眼球和睫状肌便不能得到充分的休息。

神奇的生命科学

part 4

有趣的动植物世界

动物能互相了解吗？

　　如果我们问的是，动物能不能相互通信，也就是说，能不能用动作和声音传递某些信息，那么回答便是肯定的。如果我们问的是，动物能不能像人类一样交谈，那么回答便是否定的。

　　即使在人类之间，也并非所有的通信都通过词句完成。我们用表情表示愤怒，耸肩表示不在乎，我们会点头或摇头，会做手势，等等。许多动物也会发出声音或做出姿势以表示它们的态度。

　　母鸡大声咯咯叫或蹲下时，所有小鸡都知道这意味着危险临近了。马嘶鸣或用蹄子刨地时，其他马匹也能懂它要干什么。有些动物能领会其他同种个体发出的极为微小的信号或姿势。如果一只鸟飞上树枝，其目的只是为了往四外看看时，它的同伴不会跟着飞起；如果一只鸟以某种方式飞在空中，它的同伴见到，就能明白它即将飞去别的地方，于是一齐振翅飞起跟在它的后面。

▼ 通过动物的集体行为，让人对它们的交流方式产生了兴趣

狗会用多种方式进行通信，狗不但会吠，还会嚎叫、咆哮及发出呜呜声，它们会抬起爪子，露出牙齿，其他狗都明白这些声音或动作是什么意思。

动物不但用声音和动作，还用气味与其他个体通信，大部分群居的动物依靠气味认出同伴，气味使它们聚在一起而不分散，当然我们也知道狗怎样靠气味来相互辨认。

应该说类人猿是最聪明的动物，但它们的语言也不比其他动物更高明。它们会发出许多声音，做出许多面部表情来表达它们的愤怒、愉快或饥饿，但它们没有人类那样的语言。

顺便说，类人猿和其他动物本能地懂得它们的"语言"，用不着像人类那样学习如何说话。即使它们以前从没见过其他同类个体发出什么声音或做出什么动作，但它们自己发出的声音、做出的动作却丝毫不差。

鸟类的鸣声却是学来的，至少在某种程度上是这样的。在金丝雀群中长大的麻雀，发出的鸣声像金丝雀，就是这个道理。它学了不该学的"语言"。

动物会哭会笑吗？

如果你饲养着什么宠物，如猫狗之类的话，你可能非常喜爱它们，有时你还会觉得它们简直通人性。这就是说你会觉得它们会像人类一样有感情，会用哭泣甚至笑的方式来表示它们的感受。

但事实不是这样的，哭笑是人类表示感情的方式，其他动物都不会这样做。当然我们知道，动物受到伤害时会发出呜呜地叫声，但哭泣是指感情激动、涕泪横流，动物是不会这样的。

这并不是说，动物的眼睛里没有泪水。它们也有泪水，但它们的泪水是用来湿润、冲洗眼结膜的。人有思想，而且易动感情，只有这样的动物才会哭。小孩子也是在学会思想、学会感受之后，才会哭泣的。婴儿只会无意识地哭，这不是真正的哭泣。

哭可以代替言语。当我们无法说明我们的感受时，我们便会哭泣。哭是一种反射，可以不受我们意志的支配，哭泣可以帮助我们"摆脱"内心感受到的压力。

笑也是一种只见于人类的现象。某些动物会给人造成一种印象，似乎它们在笑，但这与人类的笑毫无相同之处。理由就是人类总是对某些事物发笑，而这意味着笑总是与某种精神活动过程或情感相联系。而动物不可能具有这样的精神活动过程或情感。

举例说，当我们为一个笑话，或者一个可笑的场景而发笑时，我们的头脑进行着思维活动，我们的情感也在发生变化。由于这些精神活动，我们便觉得这笑话或场景确实可笑。事实上，笑有许多种，导致发笑的理由也多种多样。使我们发笑的理由包括见到可笑的人（如一个又高又胖的男人打着一把小小的伞）、滑稽的人（如小丑），或听到一个幽默的故事（如笑话），等等。甚至在表示轻蔑时我们也会笑。

心理学家认为笑是一种社会现象。我们生活在人群中，大家又都觉得某些事物逗乐，这样我们才会感到这些事物可笑。当然上述种种令人发笑的理由对动物来说都是不存在的。

◀ 与人类最像的猩猩不知会不会笑

动物有味觉吗?

我们人类有味觉,所以进食成为一种乐事。有了味觉我们也就能享受食物的滋味,但味觉的意义不只是让我们进食时感到快乐,它还能保护我们,使我们不会误食有害于人体的东西。

我们是怎样感受滋味的呢?事实上我们感受的是食物中分子的冲撞力。这些能移动的分子刺激了味觉神经末梢,我们接收到这些信息并能加以辨别,于是便知道食物的滋味。物质溶解于水中,这些物质的分子在溶液里可以自由地移动,只有这样才能引起味觉的反应。所以,一片玻璃是没有味道的。溶液中分子活动得越快,味道就越浓。这就解释了为什么滚热食物的味道比冰冷的食物浓。

感受味觉的器官叫味蕾,味蕾的形状像个花芽,其中包括神经末梢。

▲ 海洋动物有着更丰富的味蕾

人和高等动物的味蕾位于舌头上。不同动物的味蕾数目相差很大,这决定于这种动物对味觉的需要程度有多大。举例说,人类的味觉属于中等水平,人有大约3000个味蕾。而鲸进食时,把整群整群的鱼吞下肚去,它的味蕾数很少,有的鲸没有味蕾。

说来奇怪,猪在品味方面比人挑剔,它有5500个味蕾。牛有35000个味蕾,羚羊的味蕾数达55000个!

有趣的动植物世界

133

因此，你可以明白，动物不仅有味觉，而且许多动物的味觉比人灵敏。

生活在海洋里的动物，它们通常全身都有味蕾。举例说，鱼类的身体表面从头到尾全部布满着味蕾。蝇类和蝴蝶用它们的胸足来感受味觉，当蝴蝶胸足的末节接触到甜滋滋的东西时，它就马上将口器伸出来，好吸食这些物质。

蛇和蜥蜴也用舌头感受味道，但所用方式与我们不同，它们将舌尖一伸一吐，用它捕捉空中的粒子，然后舌头将这些粒子送到口腔顶部的一个特殊器官（犁鼻器），它有嗅觉和味觉功能。

动物能看到颜色吗？

世界上的事物都是五彩缤纷的，所以很难想象有许多动物不能像人类一样感受这些颜色。但动物不会告诉我们，我们怎么知道它们能不能看到颜色呢？

科学家做了许多实验，以解答这个问题。因为人们一直想弄明白，蜜蜂是不是靠颜色来识别不同的花朵的，所以用蜜蜂做了数以百计的实验。有一个实验是这样做的：在一张蓝色的卡片前放一点糖浆，而一张红色的卡片前什么也不放，过了一会，可以看到蜜蜂飞到蓝色卡片的前面。不管这蓝色卡片放在什么地方，哪怕蓝

◀ 蜂房是神奇的六边形

▲ 采蜜的蜜蜂

色卡片前面没有糖浆也是这样。这证明蜜蜂是能辨别颜色的。

　　雄鸟的羽毛颜色鲜艳，雌鸟能看到这些颜色吗？用鸟做的实验证明，它们能看到虹中的所有色彩。听起来让人难以置信，人类最亲密的朋友——狗却是色盲。到目前为止，所有实验都证明，狗分不清颜色。在许多情况下，我们以为狗能对颜色做出反应，而事实上，它只是对其他征象——气味、大小、形状等做出反应。爱狗的人大可不必为此感到失望，因为狗的嗅觉极其灵敏，它完全可以借此补偿色盲这个缺点。顺便说，猫似乎也是色盲。

　　猴子和类人猿的色觉十分灵敏，但大部分其他哺乳动物，包括水牛，都是色盲。

　　为什么多数哺乳动物是色盲？这与它们的生活方式有关。大部分哺乳动物在夜间捕食，在夜色中，分解颜色的能力对它们意义不大，而这些哺乳动物本身皮毛的颜色并不鲜艳，所以颜色在它们的生活中不占重要地位。

有些动物为什么要冬眠？

会冬眠的蜂鸟

土拨鼠是一种典型的冬眠动物，让我们看看它们的生活方式。土拨鼠不像松鼠，它们并不贮存食物以备冬天之用。它们以植物为食，冬天降临时，食物来源中断。这时土拨鼠在自己身体里贮存了许多脂肪，当找不到食物时，它们就爬进深深的洞穴里睡觉。它们以睡觉度过严冬，靠身体里贮存的脂肪维持生命。

许多哺乳动物，如熊，并不真正冬眠。它们在夏天比冬天睡得更多，但不像冬眠那么深沉。在风和日丽的暖和冬日，熊、松鼠、金花鼠等会醒过来，并到外面活动活动。

真正的冬眠动物，它们的睡眠却十分深沉，它们睡得几乎像死去一样，这与一般睡眠可大不相同。动物冬眠时，它们所有的生命活动几乎都停止了。它们的体温降得很低，低到只比巢穴中的空气温度略高一点。

因为如此，冬眠中的动物将它们身体里贮存的食物非常缓慢地燃烧。因为它们燃烧的燃料少，所以需要的氧气也少，结果，它们的呼吸变得很慢，心跳也极为微弱。如果洞里的温度降得非常低，冬眠的动物便会醒过来，把洞往深里挖，自己钻进去，再沉沉入睡。

春天降临时，湿度、温度发生变化，动物也会感到饥饿，这些都促使它们苏醒过来，然后从洞里爬出来。

其实，许多冷血动物也冬眠，蚯蚓会钻到霜冻线以下的土中；蛙类会把自己埋在池底的泥中；蛇类会钻到岩石的缝隙和地上的洞穴中；少数鱼类，如鲤鱼，会把自己埋在淤泥的底部，甚至有些昆虫也会躲在岩石或木头底下过冬。

鸟为什么鸣叫？

鸟鸣是大自然中最可爱的声音之一。有时我们到乡下去，听到鸟鸣啁啾，便会觉得它们似乎在互相呼应；一唱一和，好像它们在互相呼唤，互相传递消息。

事实上，鸟儿们确实在互相传递信息，就好像许多其他动物那样。当然，有时鸟儿发出鸣声只是为了表示欢乐，就好像我们在高兴时也会喊出声来一样。但在大部分情况下，鸟儿的鸣声是用来通信的。

母鸡咯咯地叫，向小鸡发出警告，让它们知道有危险临近，好蹲伏起来，一动不动。危险过去之后，母鸡发出另一种叫声，把小鸡召集起来。候鸟在夜间迁徙时也要大声鸣叫，用叫声使鸟群不至于飞散，让失群的个体跟上队伍。鸟类的语言与我们所用的语言大不相同。我们用词语表达思想，这些词语要学习才能掌握，但鸟类的

▲ 鸟的鸣叫是一种语言

有趣的动植物世界

137

语言是不用学的，鸟儿天生就会鸣叫。举例说，有人做过一个实验，让小鸡离开公鸡和母鸡生活，它们从小听不到鸡的叫声，但这些小鸡长大后，仍会发出跟其他鸡一样的鸣声，而且鸣叫得与其他随父母一起长大的小鸡一样嘹亮。

这并不是说，鸟类不能学习怎么鸣叫，事实上，某些鸟能学会其他鸟类的鸣叫声。模仿鸟之所以得到这个名字，就是因为它们善于模仿。如果把麻雀同金丝雀在一起养大，它就会努力学习金丝雀的叫声。如果把金丝雀同夜莺一起养大，它就会把夜莺的鸣叫声模仿得惟妙惟肖。我们都知道鹦鹉多么善于模仿它听到的声音。所以我们应该说鸟儿天生就会鸣叫，但学习在其中也起一些作用。

你知不知道鸟儿也有方言？在世界上不同的地区，同一类的鸟儿发出的鸣叫声也各有不同。这证明鸟类的啼叫本领，固然是与生俱来的，但在相当程度上也是鸟儿后天学习的结果。

飞鱼是怎样飞的？

▼ 飞鱼

如果真有能像鸟一样飞的鱼，那么它们肯定要像鸟一样扑动"翅膀"（它们的鳍），事实上没有能这样飞的鱼。

飞鱼确实能离开水，在空中前进。飞鱼的"翅膀"是它们的胸鳍，它们的胸鳍比其他鱼的胸鳍大得多。飞鱼"飞行"时便张开胸鳍，使胸鳍与身体形成一个角度，在某些情况下，飞鱼还会张开它们的腹鳍。

飞鱼在升入空中前，要在水中快速游动，并把部分身体露出水面，尾部猛力摆动，游一段距离，速度越来越快，达到一定速度后，胸鳍张开，挺直，一动不动，这样就能在空中滑翔。

飞鱼能滑翔出几百米的距离，才落入水中，有时飞鱼滑行时会拍

▲ 飞鱼也许由蛇颈恐龙进化而来

击浪峰，摆动尾部，这样便能多飞出一段距离。顺便说一句，飞鱼并不是在水面掠过的，它能飞得很高，甚至会落到大型远洋轮的甲板上。

摇尾是响尾蛇进攻前的示警吗？

人们因为怕响尾蛇，便产生一个想法：响尾蛇在咬人前先摆尾发声以示警告，这么一想便会觉得响尾蛇不那么危险了。

不幸的是，这种说法不完全正确。通常响尾蛇在受惊时才摇尾作声，它的尾部有几个响环，受惊时摆动尾部，响环互相碰撞，发出独特的响声。但是对响尾蛇的研究表明，在大多数情况下，响尾蛇攻击前并不发出警告！

有趣的动植物世界

▼ 菱斑响尾蛇

顺便说一下，认为响尾蛇和别的毒蛇只用毒牙咬而不用其他牙咬的说法，是不完全正确的，事实上毒蛇既用毒牙咬又用其他牙咬。但有些蛇，如响尾蛇之类，具有很长的可以移动的毒牙，嘴闭拢时毒牙可以向后倒，贴在上颌上。要咬时先把嘴张开，把毒牙竖起来，然后冲过去，毒牙刺进猎物的皮肤时，再用其他的牙咬。

毒蛇咬猎物时，挤压了毒腺，于是毒液流出，通过毒牙的沟或管，进入猎物的伤口。眼镜蛇之类的毒蛇毒牙比较短，在别的牙咬嚼猎物时，毒牙仍咬住不放，这种咀嚼动作使毒液进入伤口。

事实上，眼镜蛇比响尾蛇危险。眼镜蛇更富攻击性，更喜欢进攻人。响尾蛇毒液更多，而眼镜蛇的毒液更致命。曾经有人被眼镜蛇咬伤后不到一小时便送了命。

鲸为什么喷水？

鲸不是鱼，而是哺乳动物。它们是温血动物，它们的幼仔是胎生的，不是从卵孵出来的，幼鲸和其他小型哺乳动物一样吃母亲的奶。

鲸与所有水生哺乳动物一样，是陆生哺乳动物的后代，因此它们必须使自己适应水中的生活。这就是说千百万年前，它们的身体发生了某些变化，所以它们能在水中生活。

因为鲸没有鳃，都用肺呼吸，所以它们身上的最重要的变化之一就与它们的呼吸器官有关。它们的鼻孔原来也在头面的前部，为适应水中生活只好进化到头顶上面。鲸的头顶上有 1 ～ 2 个由鼻孔变成的喷水孔，这样便于在水面呼吸。

鲸钻入水下时，鼻孔由小瓣膜封闭，气道也同口腔隔开，这样就没有把水吸进肺里的危险。

通常，鲸一般每隔 5 ～ 10 分钟便浮出水面呼吸一次，有时它们可以在水下待上 45 分钟！鲸浮上水面时，先要把肺里用过的空气"喷出"，也就是说，呼出体外。它们呼气的声音极大，在很远的距离外都能听到。鲸喷出来的是什么呢？其实不是水，而是肺里已经无氧的气体，其中充满水蒸气。

鲸"喷水"几次，直到肺中的空气完全更换为止，然后深深潜入水中。有的鲸能潜入 600 米的深水。有时巨大的鲸在潜水时把尾部甩向空中，有时甚至跳出水面。

▼ 正在喷水的鲸

有趣的动植物世界

141

蛙与蟾蜍有什么不同？

蛙与蟾蜍之间有什么不同？蛙与蟾蜍之间是有一些不同，但在许多重要的特征方面，它们是非常相似的。它们都属于两栖类，既能生活于水中，也能生活在陆上，它们都是冷血动物。

大部分的蛙与蟾蜍，在外形上十分相似，常常都很难把它们区别开。但蛙的身体瘦长，又尖又滑，形状也比较优美；而大部分蟾蜍身体矮胖，皮肤较干，有许多疙瘩。

几乎所有的两栖类都卵生，蛙和蟾蜍也是这样的。蛙和蟾蜍的卵都像浮在水面上的点点微尘，外面裹着一些黏糊糊的物质。从卵里孵出小小的蝌蚪，蝌蚪看起来更像鱼而不像成年的蛙或蟾蜍。

蝌蚪用鳃呼吸，尾巴很长，用来游泳，可是没有腿，卵产出后要经过 3 ~ 25 天才孵出蝌蚪，3 ~ 4 个月后，蝌蚪失去它们的鳃和尾巴，长出腿和肺。但长成成年的蛙或蟾蜍要花大约一年的时间。蛙和蟾蜍寿命很长，有时甚至长达 30 ~ 40 年。

蟾蜍所产的卵，数目比蛙类少，每年产卵 4000 ~ 12000 枚。而雌牛蛙一个繁殖季节就产卵 18000 ~ 20000 枚。有好几种蟾蜍的雄体在孵卵方面起重要作用，举例说，有一种产于欧洲的蟾蜍，它的雄体把成串的卵裹在脚上，并带

▼ 蟾蜍是保护庄稼的能手

◀ 青蛙

着这些卵坐在一个土穴中，等到蝌蚪即将孵出时就把它们带回池塘里。

南美洲有一种古怪的蟾蜍——负子蟾，雌蟾蜍产卵后，雄蟾蜍把卵放在雌蟾蜍背上，背上有许多小凹，上面覆以皮肤，并且充满液体，蝌蚪孵出后仍待在这些小凹里，直到长成小蟾蜍。

温带地区的蟾蜍，通常是棕色或橄榄绿色的，而热带地区的蟾蜍常常颜色鲜艳。用手抓蟾蜍，不会给人带来伤害。

动物是怎样呼吸的？

所有生物都要呼吸，这样才能生存。简单说呼吸就是吸进空气以摄取氧气，并呼出成分已改变的空气。我们呼出的空气中，氧气已经减少，而二氧化碳和水的浓度都大大增加。

动物需要吸收氧气以"燃烧"某些营养素，以便供身体利用。代谢产生的废物，包括水和二氧化碳，一部分就随呼气排出体外。

最简单的呼吸形式，可能就是水母和许多蠕虫的呼吸了。它们没有任何呼吸器官。它们生活在水

▲ 昆虫有着独特的呼吸系统

里，溶解在水中的氧通过它们的皮肤透入它们的身体。溶解在体液中的二氧化碳也这样渗出来，它们就这样"呼吸"。

蚯蚓的构造比较复杂，它们体内有一种特殊的液体，用来将氧气从皮肤带到内脏，并将二氧化碳从内脏带到皮肤，再从这儿排出体外。蛙类有时也把皮肤作为呼吸器官，但它们有肺，需要更大量的氧时，便用肺呼吸。

昆虫的呼吸方式更不寻常，更为有趣，如果我们仔细检查昆虫的腹部，便会看到许多小小的开口——气门。气门可以通入一套管子——气管。这些气管的作用很像人的气管，所以昆虫呼吸的方式与人类一样，只是它们的腹部有数以百计的气管用以吸入空气。因为昆虫身体很小，它们的气管所占地方不大，但你能想象，如果人类的呼吸系统像昆虫一样，那么会出现什么后果吗？那样就留不下什么地方给其他器官了！

顺便说一句，呼吸频率（每分钟呼吸的次数）在很大程度上取决于动物身材的大小，身材越大，呼吸频率越低。大象每分钟呼吸 10 次，但老鼠每分钟大约呼吸 200 次。

为什么蜘蛛不会被自己的网粘住？

既然蜘蛛网有黏性，能把苍蝇粘得不能动弹，为什么蜘蛛不能把自己粘住呢？对这问题的回答会令你惊讶不已——蜘蛛网是能把蜘蛛粘住的！蜘蛛与苍蝇一

树林中常见的蜘蛛 ▶

▲ 彩色蜘蛛毒性大

样容易被它自己的网缠住手脚。

　　蜘蛛之所以没被粘住，原因是它对自己的网"熟门熟路"。它知道该走哪条路。蜘蛛在织网时已在网上留下"安全通道"，这儿的蛛丝是安全的，触碰它也不会被粘住。

　　蜘蛛的丝有许多种，黏性蛛丝织在网中用以捕捉猎物。也有一种无黏性的蛛丝，用以构成蜘蛛网坚强的辐条状的支架。蜘蛛自己知道只需避开那些黏性的蛛丝就行了。它的触觉十分灵敏，所以它能做到不被自己的网粘住。

牛为什么要反刍?

在很久很久以前,一些动物不能有效地保护自己免遭强大有力的天敌的攻击。为了生存,这些动物演化出一种特别的进食方式。每当条件许可,它们便匆匆忙忙地啃几口草叶,嚼也不嚼就迅速吞下肚去,然后跑开躲藏起来。它们在隐蔽处安安稳稳坐定之后,才从容地咀嚼这些食物!

今天的反刍动物便是它们的子孙。可以说对人类最有用的哺乳动物几乎大部分是反刍动物,其中包括牛、绵羊、山羊、骆驼、驼马、鹿和羚羊。

像牛这样的动物为什么能反刍呢?反刍动物的胃十分复杂,可以分为四个部分,即瘤胃、蜂巢胃(网胃)、重瓣胃,以上三部分是食管变形造成的,还有皱胃(是胃的本体)。

胃的各个部分有不同的功能。混有大量唾液的纤维质食物先吞入最大的部分瘤胃,在这儿变软,变潮湿,并在微生物的作用

▼ 骆驼也是反刍动物

▲ 牛是反刍动物

下发酵分解。食物也可以进入蜂巢胃，反刍动物进食之后，通常要找个地方安静地躺下或休息一会，这时瘤胃和蜂巢胃中的粗糙食物刺激胃壁，引起逆呕反射，于是粗糙食物被逆行送入食管和口中，再经咀嚼，咀嚼过的食物重新吞下，进入瘤胃、蜂巢胃、重瓣胃，直至皱胃。

　　皱胃有消化腺，分泌消化液来消化食物。顺便说一句，骆驼与其他反刍动物不同之处为没有第三胃——重瓣胃。

　　牛的上腭没有门牙，而牙龈变成粗硬的肉垫，牛吃草时肉垫帮助它将草压在下腭前牙的边缘上，所以牛吃草时头部向两边活动，好将草咬断。

有趣的动植物世界

为什么植物大都是绿色的?

春暖花开,随着温度的升高,自然界中绿色成为主打色,一切都生机盎然。为什么自然界中的植物大都长绿叶呢?

原来,植物进行光合作用的"工厂"是叶子中的叶绿体。叶绿体中最主要的色素是绿色的叶绿素,此外还有橙黄色的胡萝卜素和黄色的叶黄素。它们能分别吸收不同光谱的光进行光合作用。胡萝卜素和叶黄素主要吸收它的补光,即蓝光和蓝绿光;叶绿素主要吸收红光和蓝紫光,对红光和蓝紫光之间的橙、黄、绿色光吸收很少,其中尤以对绿光吸收最少,这样,才使绿光能够反射出去。被吸收的光我们就看不到了,我们眼睛所能看到的是被植物叶子反射的光。在自然界中,绝大多数植物叶子含叶绿素最多,由于其对绿光的反射作用,所以我们一般所看到的植物叶子都呈现绿色。

▼ 植物的叶子大多是绿色的

▲ 自然中的树木树干、树枝都是圆柱形的

树干为什么都是圆柱形的？

自然界树木种类繁多，形态各异，它们的树冠、树叶、果实的形状千变万化。但是，树木有一个共同点：树干总是圆柱形的。那么，树干为什么都是圆柱形的？

圆柱形树干可说是大自然的杰作，体现了大自然造物的神奇。

首先，圆的面积比其他任何形状的面积都大。所以，圆柱形树干输送水分和养料的能力就大，有利于树干生长。同样，圆柱形的容积也最大，它具有最大的支持力。硕果累累的果树，挂上成百上千个果实，必须有强有力的树干支撑，因此树干成圆柱形是最适宜的。

其次，圆柱形树干还可以防止损伤。若树干是圆柱形以外的形状，就会有棱角和平面，而棱角最容易碰伤，平面又容易摩擦，若树皮经常受损就会影响到树木的生长。而圆柱形的树干，即便受损也是局部，其他部位树皮照样输送水分和营养，不会影响树木的生长。

还有，圆柱形树干可以有效对抗风暴袭击，因为任何方向吹来的风都会沿着圆面的切线方向掠过，树干承受的风力就大大减小，这样树干被刮倒、刮断的可能性就大大降低。